Moriz Carriere

Lessing. Schiller. Goethe

Moriz Carriere

Lessing. Schiller. Goethe

ISBN/EAN: 9783741141201

Hergestellt in Europa, USA, Kanada, Australien, Japan

Cover: Foto ©Andreas Hilbeck / pixelio.de

Manufactured and distributed by brebook publishing software (www.brebook.com)

Moriz Carriere

Lessing. Schiller. Goethe

Lessing.
Schiller. Goethe.
Jean Paul.

Vier Denkreden auf Deutsche Dichter.

Von

Moriz Carriere.

Gießen, 1862.
J. Ricker'sche Buchhandlung.

An Gustav Baur.

Wir sind räumlich weit auseinander geführt worden, Du nach dem Norden, ich nach dem Süden des Deutschen Vaterlandes, nachdem wir in der Hessischen Heimath ein Jahr als Studenten, dann ein Jahrzehend als Universitätslehrer in redlichem Streben nach dem gleichen Ideal und in ungetrübter Freundschaft zusammen gelebt und gewirkt hatten. Deine Theologie war eine volksthümlich religiöse und wissenschaftliche zugleich, die auch in der Kunst und in der Natur eine Offenbarung des göttlichen Geistes suchte und fand, und so vereinte uns ein freier Dienst der Wahrheit und Schönheit, wenn mein Philosophiren den Foderungen des Gemüths ihr Recht wahrte und der sittlichen Weltordnung, der Idee des Guten huldigte. Wir haben mit andern treuen Genossen unsre großen Dichter gemeinsam gelesen, ihr Denken und Wollen ist verwachsen mit dem unsrigen, wir können nicht aufgeben was sie errungen haben, ihre Waffen erproben sich noch heute im Kampf gegen Knechtsinn und Verfinsterung wie gegen frivole Selbstsucht und materialistischen Uebermuth. Ich habe getrachtet in einer positiven Kritik den innern Kern der Eigenthümlichkeit eines jeden aufzufassen und darnach seine Lebensentfaltung, seine Schöpfungen darzulegen, nicht in kleinlicher Nergelei an den kleinen Mängeln den wohlfeilen Ruhm eines scharfrichterlichen Scharfsinnes zu erlangen, sondern liebevoll dem heranwachsenden Geschlecht ihr Wesen und ihre Größe klar und rein hinzustellen. Es ist Zeit daß wir uns das echte Erbe des achtzehnten Jahrhunderts nicht verkümmern lassen, darum soll das Licht jener Genien auch der Jugend leuchten und ihr die Weihe geben in gleichem Sinn weiter zu schreiten.

Die Ideen welche meine religiösen Reden für das deutsche Volk und meine Aesthetik tragen, finden sich auch in diesen Denkreden wieder, deren drei ich in München, die vierte in Gießen hielt; wer nach der Ausführung und Begründung der Lehren verlangt, die hier über Gott, Geist und Natur, über das Schöne und die Kunst gelegentlich ausgesprochen werden, den verweise ich auf beide Bücher, die sich bemühen philosophische Erkenntnisse in deutscher Sprache jedem Gebildeten verständlich vorzutragen.

Möge die praktische Thätigkeit des Predigeramtes in Hamburg Dir gestatten auch die Früchte der Gießner wissenschaftlichen Vorträge zu veröffentlichen! Das Christenthum wie es Christus geübt und gelehrt in Werk und Wort, liegt ja in jeder Menschenseele, kann und soll die persönliche Lebenserfahrung einer jeden werden, und verwirklicht das göttliche Ebenbild in ihr; es bleibt darum nicht in feindlichem Widerspruch stehn mit dem was deutscher Geist im Dichten und Denken selbstkräftig und frei hervorbringt oder in der Natur und Geschichte findet, vielmehr wird eines vom andern ergänzt, erklärt und vollendet, und ihr Zusammenklang sei auch fortan das Ziel unsrer Arbeit und unsre Freude.

München am Christtage 1861.

Moriz Carriere.

Lessing.

Wir nennen Lessing den Reformator unsrer Literatur; daß er es nicht sowohl durch neue Kunstschöpfungen wurde als durch die kritische Einsicht, die solchen den Weg bereitete, dies zeugt dafür daß er einer der Herolde eines Reiches des Geistes war, wo der Gedanke den Thaten nicht mehr bloß nachfolgt und das Bewußtwerden über einen Weltzustand seiner Auflösung ankündigt, sondern wo die erkannte Wahrheit den Willen leitet ein neues Leben zu führen und zu begründen. Im Alterthum erschien die Poetik des Aristoteles nach Homer's und Sophokles' Gesängen, und Niemand hatte einem Raphael und Michel Angelo das Wesen des malerisch Schönen erörtert; im achtzehnten Jahrhundert aber haben Lessing, Kant und Winkelmann das Licht angezündet, bei dessen Scheine dann Goethe, Schiller, Thorwaldsen ihre Werke schufen, und ohne die Vertiefung des deutschen Geistes in die Philosophie wären Beethoven, Cornelius und Kaulbach weder möglich gewesen noch zu verstehn. Nehmen wir hinzu welche Bedeutung die Theorie, die Wissenschaft für das religiöse wie für das praktische Leben gewonnen, das namentlich auch durch die Entdeckungen der Naturforschung eine ganz andere Gestalt angenommen hat, so können wir nicht zweifeln daß die Dämmerung, in der nach Hegel's Wort die Eule der Minerva fliegt, diesmal nicht der Ein-

bruch der Nacht, sondern der Morgen eines neuen Welttages
war. Für ihn wirkte Lessing. Er brach die Fremdherrschaft
und stellte das deutsche Wesen auf sich selbst, während die
Führer der Literatur vor ihm uns bald an England, bald
an Frankreich zur Nachahmung gewiesen; gegen alles Schein-
same, gegen ungeprüfte Vorurtheile lag er sein Leben lang
im Kampf, sein Gewissen hieß ihn nichts als die Wahrheit,
die ganze Wahrheit suchen, und er war überzeugt daß mit
ihr auch die andern Güter dem Menschen zufallen. Darum
fand er überall die echten reinen Quellen des Lebens, und
deutete auf sie hin, auf Homer und Shakspere, auf Aristoteles
und Leibniz, auf Christus und Johannes. Innerlich und
äußerlich unabhängig führte er den Beweis daß die Freiheit
kein ruhender Zustand, sondern fortwährende Befreiungsthat
ist, daß wir stets nur dasjenige wirklich wissen was wir in
uns erzeugen und vernunftgemäß begründen. Damit war er
eine suchende, ringende, streitende Natur. „Nicht die Wahrheit," schreibt er selbst, „in deren Besitz der Mensch ist oder
zu sein meint, sondern die aufrichtige Mühe die er angewandt
hatte hinter die Wahrheit zu kommen, macht den Werth
des Menschen. Denn nicht durch den Besitz, sondern
durch die Nachforschung der Wahrheit erweitern sich seine
Kräfte, worin allein seine immer wachsende Vollkommenheit
besteht. Der Besitz macht ruhig, träg und stolz. Wenn
Gott in seiner Rechten alle Wahrheit und in seiner
Linken den einzigen innern regen Trieb nach Wahrheit, ob-
schon mit dem Zusatz mich immer und ewig zu irren, ver-
schlossen hielte und spräche zu mir: wähle! ich fiele ihm in
Demuth in seine Linke und sagte: Vater, gib! Die reine
Wahrheit ist ja doch nur für dich allein!" Aber warum

sollten wir nach ihr trachten, wenn sie nicht auch für uns wäre, und warum sollte der Besitz eines hohen Gutes, statt uns zu beseligen und zu veredeln, uns durch Trägheit und Stolz verschlechtern? Jener Sokratische Sinn des Nichtwissens und Strebens mit der Schärfe des kritischen Verstandes war Lessing's Genius und Dämon zugleich, die Größe und Grenze seiner Natur: ihm fehlte der systematische Geist und der Friede des Abschließens, und so hat er äußerst anregend gewirkt und auf vielen Gebieten die fruchtbarsten Keime ausgestreut ohne sich selber einer Ernte zu erfreuen, und die Ruhelosigkeit und Einsamkeit des hochherzigen Kämpfers auf der Höhe seines Lebens macht einen tragischen, aber einen tragisch erhebenden Eindruck auf uns.

Wie Heraklit den Krieg für den Vater aller Dinge erklärte, so war auch Lessing der Ansicht daß die Wahrheit noch bei jedem Kampfe gewonnen habe, so war es seine Lust streitend die eigene Kraft zu üben, und diese Gymnastik des Geistes mochte ihm mitunter Selbstzweck erscheinen. Mit einem durchbringenden Scharfsinn, mit einem geflügelten Witz griff er den Gegner an, und machte ihn unsterblich indem er ihn zerschmetterte. Denn die Meisterhaftigkeit seiner Darstellung und die eigene Jugendfrische sichert seinen kritischen Schriften, und damit auch einem Klotz und Riedel, einem Lange und Goeze ein unvergängliches Leben und Andenken. Erst durch den Widerspruch, meint er, werde die Wahrheit ihrer selbst gewiß, darum sei jeder Streit ihr förderlich. Er vergleicht sich einer Windmühle, die mahlt so lange etwas aufgeschüttet ist; alle zweiunddreißig Winde sind seine Freunde, er begehrt nichts als freien Umlauf; Niemand möge ihn hemmen wollen der nicht stärker ist als der Wind welcher ihn treibt, sonst schleudert ihn sein Flügel in die Luft, und er kann ihn nicht sanfter niedersetzen als er fällt. Lessing's kritischer Kanon aber lautet: „Gelinde und schmeichelnd gegen den Anfänger; mit Bewunderung zweifelnd, mit Zweifel bewundernd gegen den Meister; abschreckend und positiv gegen den Stümper; höhnisch gegen den Prahler und so bitter als möglich gegen den Cabalenmacher." Lessing's Kritik ist indeß niemals bloß negativ und zerstörend, sie ist positiv, reinigend, bahnbrechend, neubegründend, aufbauend. Er bringt auf den Kern der Dinge um ihn von der Spreu zu sondern und aus der Hülle zu lösen, und weil das Leben keine taube Nuß, sondern die Entfaltung und Selbstverwirklichung idealer Kraft und Wesenheit ist, so wird alle echte Kritik gleich der Socratischen Dialektik eine geburtshelferische, die bald den Schutt der Vorurtheile und die von Geistesträgheit, Selbstsucht und Lüge gezogenen Schranken der Wahrheit hinwegräumt, bald dem neuen Gedankenkeime den Weg weist den er zu nehmen hat, wenn er naturgemäß gedeihen will. Die Dialektik aber läßt den Menschen nicht bloß die eine, sondern stets auch die andere Seite der Dinge in's Auge fassen, sie betrachtet Jegliches in seiner Beziehung zu Anderem und zum Ganzen, und bringt die Gedanken in Fluß, sowie das lebendige Gespräch von Männern, welche die Welt von verschiedenen Standpunkten betrachten, in austauschender Ergänzung die volle Wahrheit für uns erzeugt. Und dies ist Lessing's Methode. Er dogmatisirt nicht, er kennt keine festen Voraussetzungen, er will in jedem gegebenen Falle das Rechte erst finden und finden lehren; er geht stets von etwas Besonderem und Einzelnen aus, z. B. von der Vergleichung der Statue Laokoon's mit der Schilderung seines Todes bei Vergilius, um das allgemeine Gesetz, hier also den Unterschied von bildender Kunst und Poesie zu gewinnen. Er will den Leser zum Selbstdenken und Prüfen anregen, die Kräfte spannen und üben, er will ihn das endliche Resultat miterzeugen lassen. Dem entspricht die Darstellungsweise, von der bereits Herder treffend geurtheilt hat: "Lessing's Schreibart ist der Styl des Poeten, das heißt des Schriftstellers nicht der gemacht hat, sondern der da macht, nicht der gedacht haben will, sondern der uns vordenkt."

Aber wenn Lessing den Werth der Einsicht des Rechten für den Künstler erkannte und betonte, wenn er jenem Sturm und Drang, der in der Regellosigkeit die Genialität suchte, die Nothwendigkeit des Gesetzes entgegenhielt, so war er doch keineswegs der bloße Verstandesmensch, der geglaubt hätte das Schöne, das Wahre auf dem Wege überlegender Berechnung hervorbringen zu können; vielmehr sah er in dem Enthusiasmus die Spitze und Blüthe aller Kunst und Wissenschaft, alles Größte war ihm das Werk schöpferischer Begeisterung, und der Dichter wie der Philosoph erhielt die Aufgabe jene unmittelbaren und lebhaften Regungen des Gemüths festzuhalten, sie zum klaren Bilde, zur deutlichen Idee zu gestalten. Und so zeigte denn er zuerst in seiner Begabung und in seinem Wirken wieder jene innige Verbindung von Kunst und Wissenschaft, die einst der Beginn der Cultur gewesen war, und ohne die fortan kein Dichter ersten Ranges mehr erschienen ist, noch seiner Zeit genügen kann, wenn wir anders wirklich in das Weltalter des Geistes eintreten. Lessing's wissenschaftliche Darstellung war ein Gespräch der Gedanken untereinander; der Dichter Lessing ward kraft dieser Dialektik der erste wahre Dramatiker unsrer Nation. Mag auch die logische Schärfe größer gewesen sein als der Schwung der Phantasie, doch gingen bei ihm wie bei Schiller Poesie und Philosophie Hand in Hand; und war nicht Goethe auch ein Entdecker im Reiche der Natur, ist nicht der Faust eines tiefen Denkers Werk? Lessing selbst gewann durch die Einbildungskraft für seinen Styl eine anschauliche Lebendigkeit, eine köstliche Frische, und der Reichthum an Gleichnissen und Metaphern gab der Präcision des Gedankens eine sinnliche Fülle, so daß seine wissenschaftliche wie seine poetische Darstellung stets den ganzen Menschen beschäftigt und erfreut. Seine theologischen Gegner mochten über diese Virtuosität des Komödienschreibers seufzen; heiteren Sinnes gestand er ein daß seine Schreibart auf dem Theater gebildet sei, und schrieb an Goeze: „Mein Styl ist meine Logik. Es kommt wenig darauf an wie wir schreiben, aber viel wie wir denken. Und Sie wollen doch wohl nicht behaupten daß unter verblümten bilderreichen Worten nothwendig ein schwankender schiefer Sinn liegen muß? daß Niemand richtig und bestimmt denken kann, als wer sich des eigentlichsten, plattesten, gemeinsten Ausdrucks bedient? daß den kalten symbolischen Ideen auf irgend eine Art etwas von der Wärme und dem Leben natürlicher Zeichen zu geben suchen der Wahrheit schlechterdings schade? Wie lächerlich die Tiefe einer Wunde nicht dem scharfen, sondern dem blanken Schwerte zuzuschreiben! Wie lächerlich also auch die Ueberlegenheit, welche die Wahrheit einem Gegner über uns gibt, einem blendenden Style desselben zuzuschreiben! Ich kenne keinen blendenden Styl, der seinen Glanz nicht von der Wahrheit mehr oder weniger entlehnet. Wahrheit allein gibt echten Glanz und muß auch bei Spötterei und Posse wenigstens als Folie unterliegen."

Wenn so das dramatische Talent der wissenschaftlichen Darstellung zu Hülfe kam, so fand die dichterische Begabung in der kritischen Einsicht Lessing's eine Stütze und Förderung, die ihn über die Zeitgenossen erhob. Er der in der Hamburger Dramaturgie die Freunde der classischen Tragödie Frankreichs aufgefordert sie möchten ihm das beste Stück des gepriesenen Corneille nennen, er wolle es besser machen, er schloß bekanntlich jenes Werk mit der bescheidenen Erklärung: "Ich bin weder Schauspieler noch Dichter. Man erweist mir zwar manchmal die Ehre mich für das letztere zu erkennen. Aber nur weil man mich verkennt. Aus einigen dramatischen Versuchen, die ich gemacht habe, sollte man nicht so freigebig folgern. Nicht Jeder der den Pinsel zur Hand nimmt und Farben verquistet, ist ein Maler. Die ältesten von jenen Versuchen sind in den Jahren hingeschrieben in denen man Lust und Leichtigkeit so gern für Genie hält. Was in den neueren erträglicher ist davon bin ich mir sehr bewußt daß ich es einzig und allein der Kritik zu verdanken habe. Ich fühle die lebendige Quelle nicht in mir, die durch eigene Kraft sich emporarbeitet, durch eigene Kraft in so reichen, so frischen, so reinen Strahlen aufschießt, ich muß Alles durch Druckwerk und Röhren aus mir herauspressen. Ich würde so arm, so kalt, so kurzsichtig sein, wenn ich nicht einigermaßen gelernt hätte fremde Schätze bescheiden zu borgen, mich an fremdem Feuer bescheiden zu wärmen, und durch die Gläser der Kunst meine Augen zu stärken. Ich bin daher immer beschämt oder verdrießlich geworden, wenn ich zum Nachtheil der Kritik etwas las oder hörte. Sie soll das Genie ersticken und ich schmeichle mir etwas von ihr zu erhalten was dem Genie sehr nahe kommt. Ich bin ein Lahmer, ben eine Schmähschrift auf die Krücken unmöglich erbauen kann. Doch freilich wie die Krücke dem Lahmen wohl hilft sich zu bewegen, aber nicht ihn zum Läufer machen kann, so auch die Kritik."

Wenn aber Lessing in dem Wettlauf um den dramatischen Preis von allen unsern Dichtern dem Dioskurenpaar Goethe und Schiller am nächsten kam, so that es also die Kritik nicht allein, sondern das poetische Genie. Durch Emilia Galotti und Nathan den Weisen, die er nach der erwähnten Selbstkritik schrieb, hat er dieselbe überwunden. Und wir müssen zu ihrer richtigen Würdigung daran erinnern daß in allem künstlerischen Schaffen zwei Elemente walten, Begeisterung und Besonnenheit, ein Unfreiwilliges, über das Niemand gebieten kann, das aus der innersten Tiefe des Lebens hervorquillt als Eingebung oder göttliches Geschenk, und ein Freiwilliges, das bewußte, erwägende, verständige Ausbilden und Verwirklichen jener idealen Anschauung. In der Musik, in der Lyrik wird das unbewußte Auftauchen der Gefühle und ihr ungesuchtes Werden zur Melodie der Töne und Worte vorherrschen, in der bildenden Kunst, im Epos und Drama wird die Thätigkeit des überlegenden Formens und Gestaltens, die prüfende Betrachtung und Ordnung des Besonderen in seiner Beziehung zum Ganzen mehr hervortreten; aber nur im gemeinsamen Wirken beider Elemente wird das Schöne vollendet; und wo man früher nur wilde Naturkraft und regellosen Flug der Phantasie sehen mochte, wie bei Shakspere oder Pindar, zeigt sich bei gründlicher Einsicht eine so planvolle Weisheit der Composition, daß der Verstand der Meister unsre Bewunderung erregt. Er ist allerdings bei Lessing das Ueberwiegende. Wie der eben ein Mann war im vollen aber auch im ausschließlichen Sinne des Worts, so daß sein selbstbewußtes Ringen des Ewigweiblichen, des ruhigen Friedens, des stillen Wachsthums in der Hut der Natur, des passiv weichen Sichhingebens ermangelt, so war ihm in der Kunst das Musikalische, das ahnungsreiche Hellbunkel der Stimmung, der lyrische Selbstgenuß der Gefühle versagt, aber die Poesie der That und des Gedankens war sein eigen im Sinngedicht, in der Fabel, im Drama, und wer ihm den Lorbeer des Dichters versagen wollte der würde verkennen daß die Poesie vorzugsweise die Kunst des selbstbewußten Geistes ist, der seine Gedankenwelt im Worte offenbart, während der Bildner die Anschauungen der Phantasie im Raume verkörpert, der Musiker Stimmungen und Bewegungen des Gemüths durch den Ton in der Zeit harmonisch gestaltet. Charakterisch für Lessing war dabei daß er stets die Theorie einer Dichtungsart kritisch feststellte, zu deren Beleg er dann ebenso sehr seine Werke schrieb, als ihm durch das eigene Produciren der klare Blick in das Wesen der Sache erschlossen ward.

Begleiten wir ihn mit raschem Schritt auf seiner Lebensbahn, so wird die Betrachtung seiner ausgezeichnetsten Werke uns darthun wie die kritische und die productive, die wissenschaftliche und künstlerische Thätigkeit bei ihm Hand in Hand gehen, und immer zuerst die Erkenntniß, dann die künstlerische That kommt.

Auf der Universität hatte er neben der Theologie mit Vorliebe die Schriftwerke des Alterthums studirt, zugleich aber nach Menschenkenntniß und Welterfahrung getrachtet, seine heimischen Weihnachtsstritzeln zum Schrecken der Mutter mit Schauspielern verzehrt, und sich bereits mit Beifall im Lustspiel versucht. Der Vater war besorgt, als er statt sich

um ein Amt zu bewerben nach Berlin ging und an einer
Zeitung schrieb; der Vater ward beruhigt, als er die raschen
Erfolge des Sohnes sah. Im Unabhängigkeitstrieb seiner
stets forschenden, strebenden Natur erwählte Lessing das Schriftstellerthum zum Lebensberuf, aber er that es mit der Größe
des Geistes und dem Ernste der Gesinnung, womit im Alterthum ein Demosthenes sich zum Volksredner ausgebildet und
als solcher gewirkt hat. Die Presse mußte ihm die Tribüne
ersetzen, die Tagesblätter, die Zeitschriften trugen sein ge-
flügeltes Wort durch die Lande und versammelten die Gebildeten der Nation um ihn; er wollte in allen Angelegenheiten
humaner Cultur ihr Sprecher sein, sie aufklären über sich
selbst und über die Zwecke des Lebens und der Kunst, erleuchtend und belehrend sie zum selbstständigen Denken, zum freien
Handeln und menschenwürdigen Dasein erwecken und hinleiten.
Durch seine eigene Wahrhaftigkeit gewann er „das große
Vertrauen der Nation," das ihm nach Goethe's Wort zu
Theil ward; Gervinus hat bei der Schilderung der ganzen
Literaturperiode zu Lessing's Zeit trefflich hervorgehoben wie
er überall auf der Hochwacht stand, der literarische Weg-
weiser der Nation, das Mittelmäßige bekämpfend, das Bild-
same fördernd, bei den Größen des Tags, bei Klopstock und
Wieland, durch Lob und Tadel maßgebend. Ebenso hat
Hillebrand dargethan daß Lessing wie ein fester Angelpunkt
sich in die Bewegungen unsrer Literatur hingestellt, nicht bloß
für damals, sondern für immerdar. Die dramatischen Dichtungen, die neben diesen kritischen Aufsätzen der Literaturbriefe
und anderer Blätter hergingen, ragen unter den zeitgenössischen
Arbeiten bereits durch Einfachheit und Charakterzeichnung hervor, waren aber für ihn doch nur Vorläufer größerer

Leistungen. Den Grund zu solchen legte er, als er während
des siebenjährigen Krieges eine Secretärstelle bei dem General
Tauenzien annahm und diesem nach Schlesien folgte, scheinbar
der Lust der Geselligkeit, des Weins und Spiels ergeben,
innerlich aber reifend und das Errungene zusammenarbeitend.
Als er wieder zur schriftstellerischen Wirksamkeit zurückkehrte,
veröffentlichte er rasch hintereinander den Laokoon und Minna
von Barnhelm.

Lessing erfaßte im Laokoon den für die Aesthetik grund=
legenden und befreienden Gedanken, daß die Kunst weder zur
Belehrung noch zur moralischen Besserung diene, sondern
selbständig das Schöne um seiner selbst willen darstelle, und
dadurch werde dann auch das Gemüth erleuchtet, die Ge=
sinnung veredelt. Er wies nach daß das höchste Gesetz der
alten Kunst die Schönheit gewesen sei, daß das Ideal der
Leibesschönheit durch die reine Form in der Plastik veran=
schaulicht werde, während die Poesie das Ideal der Hand=
lungen darstelle. Es sei falsch die Malerei eine stumme Poesie,
die Poesie eine redende Malerei zu nennen; es gelte zu er=
kennen wie in jeder Kunst ein eigenthümliches Gebiet des
Menschlichen offenbar werde, und daß jede ihr Princip und
Gesetz in demjenigen zu suchen habe was sie allein und was
sie am vollendetsten vermag. Die Malerei, fährt Lessing fort,
gebraucht Figuren und Farben im Raum, die Poesie articulirte
Laute in der Zeit; jene drücken darum das nebeneinander
Bestehende, diese das nacheinander Folgende aus; Körper mit
ihren sichtbaren Eigenschaften sind Vorwurf der Malerei,
Bewegung, Handlung ist Gegenstand der Poesie. Aber die
Körper existiren in der Zeit und bewegen sich in ihr, und der
bildende Künstler hat deshalb den prägnanten Moment zu er=

fassen, der in der gegenwärtigen Stellung das Vorhergegangene und das Nachfolgende mitersschließen läßt; Handlungen und Bewegungen bedürfen des Körpers als ihres Trägers, und wenn die Poesie darum stets auch nur Eine Eigenschaft des Körpers angeben, Einen Zug in die fortschreitende Handlung einflechten kann, so vermag sie doch successiv ein Bild desselben zu entwerfen, grade wie Homer den Schild des Achilleus dadurch schildert daß er uns in die Werkstatt des Feuergottes führt und diesen vor unsern Augen das Einzelne bilden läßt. Homer beschreibt uns nicht den Anzug seiner Helden, sondern er erzählt wie sie sich rüsten, und so entsteht durch die Darstellung der Handlung ein Bild vor unsrer Seele. Wollte der Dichter was gleichzeitig im Raume vorhanden ist schildernd beschreiben, so erführen wir doch nur eines nach dem andern, aber grade die Hauptsache, das Zusammensein der Erscheinungen und ihre Uebereinstimmung zum Ganzen, würde uns entgehn oder der eigenen Phantasie überlassen bleiben. Eben dies zu veranschaulichen ist Sache des Bildners. Zur Beschreibung eines Gesichts reicht für die einzelnen Theile die Sprache nicht einmal aus; Worte wie feine Nase, glatte Stirn, volles Kinn, edler Mund ermangelt doch der scharfen Bestimmtheit und wie dann die einzelnen Theile zusammenwirken das macht erst den Ausdruck und die Schönheit. Homer verzichtet darum auf das Ausmalen von Helena's Schönheit, er schildert sie nur durch ihre Wirkung, wenn selbst die troischen Greise sagen:

„Das ist nicht zu verargen dem Danaervolk und den Troern,
Daß sie um solch ein Weib so lang ausharren in Kriegsnoth:
Einer Unsterblichen gleich erscheint sie ja wahrlich von Ansehn!"

Der Maler Zeuxis stellte nicht, wie der Graf Caylus wollte, begierig blickende Graubärte um die verschleierte Helena, sondern er zeichnete ihr Antlitz und ihre Gestalt in der harmonischen Entfaltung ihrer Glieder, und durfte jene Verse Homers unter sein Werk setzen.

Hatte Lessing so kritisch sich gegen die lehrhafte oder beschreibende Halbdichtung gewandt und das Verständniß wahrer Kunst erschlossen, so ging er nun selbst daran die Poesie der Handlung in Deutschland zu verwirklichen, indem er dabei richtig erkannte daß die ganze Cultur und Stimmung der Zeit nicht das Epos, sondern das Drama verlangte. Wir nennen noch immer Minna von Barnhelm, wenn nach einem deutschen Lustspiele gefragt wird. Er knüpfte an den siebenjährigen Krieg an und ließ die Handlung aus dem großen Volksschicksale hervorgehn, so daß er der allgemeinen Theilnahme sicher sein konnte; wie er den Stoff vom Leben selber empfing, so sympathisirte er in der Ausarbeitung mit der Volksgesinnung, und wenn uns auch jene Schachzüge des Edelmuthes zwischen den Hauptpersonen etwas übertrieben erscheinen, die Geschichte entwickelt sich doch rasch im lebhaften Dialog, und die Charaktere sind naturwahr aus deutschem Kernholz geschnitten, bis auf den Franzosen, dessen lächerliche Figur zur Zeit der Sprach- und Sittennachäfferei auch zu den Befreiungsthaten des vaterländischen Geistes gehört.

Als nach der ersten Aufführung der Minna von Barnhelm in Leipzig der Vorhang gefallen war, erhob sich das Parterre und verlangte die Wiederholung für den folgenden Abend, und so zwölfmal nacheinander. Noch in demselben Jahre 1767 versuchte man in Hamburg eine Reorganisation des Theaters, und Lessing ward berufen durch Mittheilung

seines Urtheils über die Dichtungen und über die Schauspieler
diese und das Publicum zu bilden. So entstand die Hamburger Dramaturgie, ein Werk das für die ganze folgende
dramatische Literatur maßgebend wurde; er kenne kein Buch,
sagt Gervinus, bei dem ein deutsches Gemüth über den Wiederschein echtdeutscher Natur, Tiefe der Erkenntniß, Gesundheit
des Kopfes, Energie des Charakters und Reinheit des Ge-
schmackes innigere Freude und gerechtfertigteren Stolz em-
pfinden dürfte. Mit einem Schlage ward das Joch der
französischen Kunstweise zertrümmert; die Größen derselben,
Corneille und Voltaire, wurden in der Blöße ihrer falschen
äußerlichen Regelrichtigkeit dem wahren Gesetz der Tragödie
bei Aristoteles und dem echten Meister des Drama's, Shakspere, gegenübergestellt. Da war Voltaire's Orosman nichts
als ein Brand aus dem Scheiterhaufen Othello's, und zwar
ein mehr rauchender als leuchtender, da redete Voltaire's
Zaire nur den Kanzleistyl der Liebe, und ward zum Werk
der Galanterie, während Romeo und Julie von der Liebe
selbst in der Sprache des Herzens gedichtet ist. Da erblaßte
das Gespenst des Ninus, das plötzlich der Semiramis auf
offnem Markt bei hellem Tage ganz gegen alle Gespenstersitte
entgegentritt, vor den Geistererscheinungen, die des Nachts
vor der erregten Phantasie eines Hamlet oder Macbeth auf-
steigen, so daß wir, Theilnehmer ihrer Stimmung, sie mit
ihrem Auge zu sehen glauben. Lessing wies nach wie Corneille
bei der physischen Einheit der Zeit und des Orts innerhalb
einiger Stunden in einem und demselben Zimmer das Un-
wahrscheinlichste, ja gradezu Unmögliche geschehen lassen, wie
jene beiden Einheiten aber gar kein Aristotelisches Gesetz
seien, sondern der Philosoph nur die innere Einheit der

Handlung verlange; er wies nach wie in allem Wesentlichen
Shakspere dem antiken Drama näher sei als die Franzosen,
und fand für den deutschen Sinn jene Mitte zwischen den
Griechen und Britten, zwischen Sophokles und Shakspere, die
dann Goethe und Schiller einnahmen, nachdem er sie selbst
durch die poetische That seiner Emilie Galotti erobert hatte.

Lessing nahm aus Livius die Geschichte der Virginia,
welcher der eigne Vater ein Messer in's Herz stößt, weil er
keinen andern Ausweg sieht ihre Tugend vor den Lüsten des
tyrannischen Appius Claudius zu schützen, dem ein feiles Ge=
richt sie als Sclavin zuerkannt hat; das empörte Volk stürzt
darauf den Usurpator. Indem nun der Dichter die Begeben=
heit in die Gegenwart, in modern italienische Verhältnisse
rückte, ist tadelnd bemerkt worden, daß die zwingende Noth=
wendigkeit für Odoardo fehle, „die Rose zu brechen, ehe sie
vom Sturm zerknickt wird." Aber Lessing hat mit großer
Feinheit eine für den Prinzen aufkeimende Neigung im Herzen
Emilia's angedeutet, sie sieht sich von ihm umstrickt, sie fürchtet
von der eignen Natur Gefahr für ihre Tugend, und um diese
rein zu bewahren, wirft sie selber das Leben dahin. Alles
ist knapp und bedeutend in diesem Stück, jedes Wort ist sinn=
schwer und geistvoll, so daß der scharf geschliffene epigram=
matische Dialog beständig unser Nachdenken anregt, während
die Handlung sich vor unsrer Einbildungskraft entwickelt.
Die Charaktere sind das Erste, aus ihnen geht die Begeben=
heit hervor, sie bereiten sich selber das Schicksal, dessen Netz
über ihre Häupter zusammenschlägt. Das Ganze ist inner=
licher, die Charaktere sind individueller, die Handlung ver=
wickelter als in der griechischen Tragödie, aber Alles ist wieder
einfacher und straffer gehalten als in den Werken der roman=

tischen Volksbühne von England und Spanien. Was in einem begeisterten Augenblick vor der Phantasie des Dichters sich krystallinisch gebildet, das hat der geniale Verstand fest gehalten und meisterhaft durchgeführt.

Lessing vollendete diese erste wahre deutsche Tragödie in Wolfenbüttel, wo er eine Bibliothekarstelle angenommen. Es schien als ob sein ringendes suchendes Leben ein Ziel der Ruhe und des Genusses finden sollte; er verheirathete sich glücklich, aber sein Glück war von kurzer Dauer. Die Frau starb mit dem Kinde im ersten Wochenbette. Die Briefe Lessing's aus jenen Tagen sind durch tief sittliches Gefühl wie durch den Witz des Schmerzes gleich bewundernswerth. Er schreibt an Eschenburg: „Ich ergreife den Augenblick, da meine Frau ganz ohne Besonnenheit liegt, um Ihnen für Ihren gütigen Antheil zu danken. Meine Freude war nur kurz. Und ich verlor ihn so ungern, diesen Sohn! Denn er hatte so viel Verstand! so viel Verstand! — Glauben Sie nicht, daß die wenigen Stunden meiner Vaterschaft mich schon zu so einem Affen von Vater gemacht haben. Ich weiß was ich sage. War es nicht Verstand, daß man ihn mit eisernen Zangen auf die Welt ziehen mußte? Daß er so bald Unrath merkte? War es nicht Verstand, daß er die erste Gelegenheit ergriff sich wieder davon zu machen? — Freilich zerrt mir der kleine Ruschelkopf auch die Mutter mit fort. Denn noch ist wenig Hoffnung daß ich sie behalten werde. — Ich wollte es auch einmal so gut haben wie andre Menschen, aber es ist mir schlecht bekommen." — Zehn Tage lang rang die Frau in besinnungslosem Leiden. Dann schrieb er seinem Bruder: „Meine Frau ist todt; und diese Erfahrung habe ich nun auch gemacht. Ich freue mich daß mir viele dergleichen

Erfahrungen nicht mehr übrig sein können. Wenn Du diese Frau gekannt hättest! Aber man sagt es sei nichts als Eigenlob seine Frau zu rühmen. Nun gut ich sage nichts weiter von ihr. Aber wenn Du sie gekannt hättest! Du wirst mich nie wieder so sehen wie Moses (Mendelssohn) mich gesehn, so ruhig und zufrieden in meinen vier Wänden. Wenn ich mit der einen Hälfte meiner übrigen Tage das Glück erkaufen könnte die andre mit ihr zu verleben, wie gern wollte ich es thun. Aber das geht nicht, und ich muß nun wieder anfangen meinen Weg allein zu buseln. Ich habe dieses Glück unstreitig nicht verdient."

Schon standen ihm neue Kämpfe bevor, in denen er um der Humanität und Geistesfreiheit willen das eigne Leid vergessen lernte. Er hatte als Bibliothekar in Wolfenbüttel die philosophischen und theologischen Studien früherer Zeit wieder aufgenommen und einige Abhandlungen über religionsphilosophische Fragen geschrieben. Die scholastische Dogmatik gewährte ihm keine Befriedigung, ebenso wenig aber die seichte Aufklärung der damaligen Popularphilosophie. „Je bündiger," sagt er einmal, „mir der Eine das Christenthum beweisen wollte, desto zweifelhafter ward ich; je muthwilliger und triumphirender es der Andre mir zu Boden treten wollte, desto gewisser fühlte ich mich es wenigstens in meinem Herzen aufrecht zu erhalten." Er wollte kein Flickwerk von Stümpern und Halbphilosophen, keinen kritiklosen Frieden. „Nicht das unreine Wasser," schreibt er seinem Bruder, „welches längst nicht mehr zu brauchen, will ich beibehalten wissen, ich will es nur nicht eher weg gegossen wissen, als bis man weiß woher reineres zu nehmen; ich will nur nicht daß man es ohne Bedenken weggieße, und sollte man auch das Kind hernach im Mistjauche haben. Und was ist sie anders unsre neumodische Theologie gegen die Orthodoxie, als Mistjauche gegen unreines Wasser?" So konnte sich Nicolai nicht recht in ihn finden und meinte den Theologen sei Lessing ein Freigeist und den Freigeistern ein Theologe, — wie immer die neue Wahrheit doppelte Anfechtung zu erfahren hat. Er wollte die freie Aneignung des Christenthums durch Geistesarbeit und Gesinnung. Er wollte den protestantischen Geist freier Forschung und Prüfung, und wenn diesem durch die Lehrmeinungen lutherischer Geistlichen Schranken gezogen werden sollten, dann wollte er der Erste sein die Päpstlein wieder mit dem Papste zu vertauschen. Dem Hauptpastor Goeze gegenüber berief er sich auf den Reformator selbst: „O daß er uns hören und über uns urtheilen könnte, den ich am liebsten zu meinem Richter haben möchte! Luther du! — Großer verkannter Mann! Und von Niemanden mehr verkannt als von den Starrköpfen, die deine Pantoffeln in der Hand den von dir gebahnten Weg schreiend aber gleichgültig daherschlendern! Du hast uns von dem Joche der Tradition erlöset, wer erlöset uns von dem unerträglicheren Joche des Buchstabens? Wer bringt uns endlich ein Christenthum wie du es jetzt lehren würdest, wie Christus es selbst lehren würde?"

Doch wir müssen nach dem Ursprung dieses Streites zurück blicken. Lessing hatte in Hamburg schon Einsicht in ein Manuscript von der Hand des dortigen Gymnasialprofessors Hermann Samuel Reimarus erhalten, das den Titel führte: „Apologie oder Schutzschrift für die vernünftigen Verehrer Gottes." Der Verfasser war kein schaler Spötter, sondern ein wahrheitseifriger Forscher, ein Vertheidiger des auf Natur und Vernunft gegründeten Glaubens an Gott, der nach einer treffenden Bezeichnung von Carl Schwarz für die Wolfische Philosophie war was Strauß für die Hegel'sche, indem er seine Kritik gegen eine übernatürliche Offenbarung und gegen die Wunder richtete, und die Widersprüche bloß legte die für ihn in den biblischen Erzählungen vorhanden waren. Lessing gab eine Reihe von Fragmenten aus dieser Handschrift heraus; er that es in der redlichen Absicht daß durch diesen ernsten und starken Angriff eine gründliche Untersuchung geweckt und eine wissenschaftliche Vertheidigung und vernunftbefriedigende Fassung der religiösen Wahrheit hervorgerufen werde. Er äußerte schon bei der Herausgabe Bedenken und Einwendungen, und hing, wie Claudius sagte, den Fragmenten Maulkörbe an. Namentlich war er weit entfernt, mit dem Verfasser anzunehmen, daß Christus ursprünglich als weltlicher Messias habe die Herrschaft in Judäa gewinnen wollen, und daß erst die Jünger, nachdem dieser Plan gescheitert, mit absichtlicher Entstellung und betrügerischen Angaben ihn als Religionsstifter verkündigt hätten. Lessing hielt an der göttlichen Reinheit und Geisteshoheit des historischen Christus fest, und wenn der Verfasser der Fragmente meinte daß mit den äußern Wunderbeweisen auch das Christenthum zusammenbreche, so erklärte er vielmehr daß das Christenthum eine innere Wahrheit habe, die auch gegenwärtig und immerdar Zeugniß für dasselbe ablege, und daß es unsrer Zeit zieme auf diesen Beweis das größere Gewicht zu legen. Doch gingen grade hierauf die damaligen Theologen nicht ein, und eben so wenig schieden sie die Sache des Herausgebers der Wolfenbüttler Fragmente von der des Verfassers. Und Lessing nahm den Kampf auf, der ihm von vielen Seiten be-

reitet warb, am eifrigsten von einem früher befreundeten
Mann, dem zelotischen starrköpfigen Zionswächter Melchior
Goeze in Hamburg. In kleinen Flugschriften ließ er dem
Gegner den Eimer faulen Wassers, in welchem der ihn hatte
ersäufen wollen, tropfenweise auf den entblößten Scheitel
fallen. Seine Polemik war scharf und hart, aber im Kriege
schießt man um zu treffen; den Firniß der Höflichkeit hat
er verschmäht, einen ungesitteten Streiter mochte man in ihm
finden, aber sicherlich keinen unsittlichen.

Die positiven Gedanken welche Lessing in dieser Polemik
entwickelte, sind hauptsächlich folgende. Die Wahrheit hat
eine siegende Kraft, und alle Angriffe der Kritik können nur
dazu dienen sie immer klarer an's Licht zu stellen; darum
wehre man dem Zweifel nicht sich auszusprechen, damit er
überwunden und eine höhere Ansicht der Dinge gewonnen werde.
Es ist ein Unterschied zwischen Religion und Theologie, zwischen
Christenthum und Dogmatik. Erstere sind Sache des Herzens
und Lebens, letztere des Verstandes und der Wissenschaft;
unsre Vernunft kann also Einwürfe gegen die verstandes-
mäßige Fassung einer theologischen Lehre erheben, ohne daß
deren ursprünglicher und innerer Kern gefährdet würde; vielmehr soll ihm die vernunftgemäße Form bereitet werden.
Was gehen, sagt Lessing, den Christen der Theologen Hypo-
thesen, Erklärungen und Beweise an? Sein Gewissen be-
zeugt ihm die Wahrheit des Christenthums, und sein Herz
fühlt sich selig in ihr. Wer die wohlthätige Wirkung der
Elektricität empfindet kann es ruhig der fortschreitenden
Wissenschaft überlassen, ob Nollet's oder Franklin's Annahme
das Wesen von jener am besten erklärt. Die Liebe ist, wie
das Testament Johannis so schön bekundet, Hauptsache und

Grundidee des Christenthums; die Religion welche die eignen Worte Christi lehrten, welche das Leben und der Tod Christi darstellte, die eigne Religion Jesu also ist etwas viel Einfacheres als das dogmatische Lehrgebäude späterer Jahrhunderte; in der einfachen Wahrheit von Christi Worten und Leben können wir uns vereinigen, sie der persönlichen Aneignung eines Jeden anheim geben, sie auf unsre Weise mit der Wissenschaft in Einklang bringen. Nur die mißverstandne Religion kann uns vom Schönen entfernen; es ist ein Beweis für die wahre und richtig verstandne Religion, wenn sie uns überall auf das Schöne hinführt.

In solchem Sinne zählte sich Lessing zu den Vertheidigern des Christenthums. Aber er unterschied zwischen dem Geist der da lebendig macht und dem Buchstaben der da tödtet; er behauptete daß die schriftlichen Ueberlieferungen der Religion keine innere Wahrheit geben könnten, wenn sie keine solche hätte, daß die Religion nicht darum wahr sei weil sie von den Evangelisten und Aposteln gelehrt werde, sondern daß diese sie lehren weil sie wahr ist. Christus ist die Grundlage des Christenthums; es war in seinen Worten und Thaten und im Gemüthe seiner Jünger vorhanden, ehe es niedergeschrieben ward, es ist eine sich fortwährend bezeugende Geistesmacht, es ist die Grundlage der Bibel, nicht die Bibel Grundlage des Christenthums. Vergangne Wundergeschichten sind uns zum Beweise gegenwärtiger Wahrheiten nicht werthvoll, das Historische hat seine Bedeutung durch den idealen Gehalt den es darstellt. So bezeichnet Lessing die Erzählungen von der Entstehungsgeschichte des Christenthums als das Gerüst, das Christenthum selber als den Bau, und meint die Herrlichkeit des Baues müsse den wenig interessiren der sie immer nur aus dem Gerüste beweisen zu dürfen glaubt.

Indem die Bibel erst innerhalb der Entwicklung des Christenthums entstand, führt Lessing namentlich der protestantischen Orthodoxie gegenüber den historischen Beweis daß jene nicht Quelle und in der ältesten Kirche nicht einzige Norm der Glaubenswahrheit war. So bahnte er der geschichtlichen Kritik den Weg, aber es ist nicht zu leugnen daß er selber hier am meisten bei der bloßen Polemik stehen blieb, und Aussprüche wie der über die Wichtigkeit des Johannisevangeliums bei ihm vereinzelt sind. Er meint wie das Christenthum früher gewesen sei ohne die Bibel, so könne es auch fort bestehn ohne sie, und gefällt sich in der wiederholten Betrachtung dieser leeren Möglichkeit, statt zu untersuchen welchen Einfluß die Bibel täglich und stündlich auf das Leben der Menschheit übt, wie sie als der Originalausdruck der christlichen Wahrheit, für deren Reinbewahrung und Fortgestaltung, wie sie als Erbauungsbuch für die sittliche Erhebung des Gemüths tröstend, erleuchtend, veredelnd wirkt. Diese Seite der Sache betonten ergänzend Hamann und Herder; nach ihrer Auffassung und kraft der von Lessing eingeleiteten Kritik können wir mit Bunsen in der Bibel das Buch der Menschheit sehn, und werden mit ihm allenthalben Freiheit als Volkseigenthum nur da finden wo die Bibel Volks- und Hauptbuch ist; und nur in demselben Maße als sie es ist und bleibt, wird sich die Wirklichkeit des Volks gestalten als Gesetz und Recht, als Geist und Sitte.

Lessing verlangte Duldung und Achtung für jede Ueberzeugung, für die Freidenker wie für die Traditionen und Bedürfnisse des Volks; indem er den Fanatismus bekämpfte,

wollte er die Pietät für die Religion der Väter bewahrt
wissen. Wie er selber der Humanität huldigte, betrachtete
er die verschiedenen Religionsformen im Zusammenhange mit
der Entwicklung der Menschheit, mit den Individualitäten
der Völker. Und er entschied seine theologische Fehde auf
dem Theater, indem er auch jetzt wieder sich zur Dichtung
wandte; Nathan der Weise stellt den Gedanken dar daß
Religiosität in allen Religionen die Hauptsache, daß gut handeln
schwerer als andächtig schwärmen sei; im Werke der Menschlichkeit, in der Rettung Recha's, begegnen sich der Christ, der
Jude, der Muselmann; die Erzählung von den drei Ringen
ist der Mittelpunkt, in ihrem Sinn lösen sich die Conflicte,
indem die Jüdin Recha, der Muhamedaner Soliman und der
christliche Tempelherr sich als Glieder Einer Familie erkennen;
während die Herrlichkeit der Naturordnung gegenüber den
Wundern, die sie durchbrechen sollten, aufrecht erhalten wird,
enthüllt sich im Getriebe der Menschen und durch dasselbe
das größte und wahre Wunder, die Vorsehung, die in Allem
waltet und Alles zum Heile führt. Der Gedanke ist in
Nathan zur Gesinnung geworden, und mit dem feinen Humor
des überlegenen Geistes paart sich ein Hauch der Milde, der
das Ganze mit seinem verklärenden Frieden übergießt und
die Herzen gewinnt, weil er unmittelbar aus dem Herzen
stammt. Nur ein Zeichen knüpft das Werk an die Polemik
Lessing's gegen die theologischen Zeloten: der starre, ver-
folgungssüchtige, engherzige Dienst des Buchstabens wird nur
durch den Patriarchen auf christlicher Seite vertreten, während
doch der seine Lehre mit dem Schwert ausbreitende Fanatismus des Islam und das zähe mumienhafte Judenthum keine
geringere Schattenseiten neben der Humanität Nathan's und

Saladin's sind, und folgerichtig ebenfalls betont werden müßten. Und wenn Lessing das Wesen der Religion in der Heiligung der Gesinnung sah und mit Christus sagte: an ihren Früchten sollt ihr sie erkennen; wenn er demgemäß für den rechten Ring den Beweis des Geistes und der Kraft fordert, so hat den die Geschichte siegreich für das Christenthum geführt, das seine Bekenner sittlich wiedergeboren, sie dauernd zu den Trägern der Cultur gemacht und in allen Zweigen der Kunst und Wissenschaft eine neue Blüthe hervorgerufen hat. Der Nathan ist ein Lieblingsbuch gebildeter Juden und 1842 auch in der neugriechischen Uebersetzung von Kaliourgos zu Constantinopel vor vielen Türken aufgeführt und wiederholt mit wachsender Theilnahme aufgenommen worden; aber er ist innerhalb des Christenthums entstanden und zeugt dadurch selber für dieses.

So haben wir Lessing betrachtet als den suchenden ringenden Geist; wir haben seinen Weg verfolgt und die Grundgedanken angegeben, die sein genialer kritischer Verstand auf demselben gefunden, wir haben gesehen wie er die für die Kunst, Literatur, Religion gewonnene Einsicht zugleich auch mit productiver Phantasie dramatisch gestaltete und an den Laokoon Minna von Barnhelm, an die Hamburger Dramaturgie Emilia Galotti, an den Streit über die Wolfenbüttler Fragmente Nathan den Weisen anreihte; es war der gleiche Sinn für Wahrheit, Natur und Einfachheit, der hier den Dichter, dort den Denker beseelte. Es ist noch übrig seine Bedeutung für die deutsche Philosophie hervorzuheben. Daß ihm die Aesthetik eine Reihe von Gesetzen verdankt, habe ich bereits erwähnt; aber auch für die Philosophie der Geschichte und der Religion war sein Wirken grundlegend und bahnbrechend, und er steht als einer der Propheten unsrer gegenwärtigen Arbeit da. Denn was auch Dogmatismus und Materialismus, Unwissenheit und Geistesträgheit sagen mögen, die Philosophie hat weder Schiffbruch gelitten noch ist sie gestorben, sie lebt und schafft, sich selbst genug in ihren Bekennern, wenn das Volk sie verschmäht, aber gewiß auch bald dem Volk wieder ein Licht und Hort!

Die erste Hälfte des achtzehnten Jahrhunderts beherrschte Leibniz; aber der Geist seiner Lehre war bald den Schuldemonstrationen der Wolfianer entflohen und waltete nur in wenigen verständnißvollen Männern; zu diesen gehörte Lessing. Seiner Natur war es ein verwandter Gedanke daß Thätigkeit, selbständige Verwirklichung des innern Vermögens die Aufgabe und das Wesen aller Dinge, daß das All ein harmonisches stufenweises System von lebendigen Kräften bilde, geschaffen von einer höchsten Kraft und Einsicht. Monaden, seelenhafte Einheiten, nannte Leibniz diese individuellen Kraftwesen, und so wußte auch Lessings congenialer Verstand jedes Ding und jeden Menschen als ein Einziges, als ein ursprünglich Eigenthümliches zu ergreifen. Ihn erfreute die große Art zu denken, mit der Leibniz aus Kieseln Feuer schlug und nicht eine Schule stiften, sondern nur ein Führer zur Wahrheit sein wollte Jeglichem auf dem Weg auf welchem er ihn fand.

Zugleich aber ward Lessing der Entdecker des Mannes welcher auf die erste Hälfte unsers Jahrhunderts vorwiegenden Einfluß gewann. Niemand kannte damals Spinoza, man hatte ihn nach Lessing's Ausdruck wie einen todten Hund behandelt; vorurtheilsfrei hatte Lessing ihn studirt ohne sich ihm gefangen zu geben; da äußerte er in einem Gespräch gegen Jakobi: „Ἕν καὶ πᾶν, Eins und Alles, das ist auch mein Glaubensbekenntniß; wenn ich mich nach Jemandem nennen sollte, so wäre es Spinoza!" — Als Jakobi dies veröffentlichte, brach Moses Mendelssohn das Herz darüber daß sein Freund Lessing Spinozist gewesen sein sollte. Die Beschäftigung mit Spinoza hat hier ihren Anfang genommen. Spinoza ergriff den erhabenen Gedanken von der Einheit alles Seins und Lebens, von der Unendlichkeit des in allen Dingen sich offenbarenden Göttlichen mit reiner wissenschaftlicher Begeisterung; Gott sollte nicht außer der Welt stehen, sondern der einwohnende Grund und die eine Substanz sein, die sich in Allem verwirklicht. Das Einzelne verlor dabei seine Selbständigkeit, wir wurden nur zu unterschiedslosen auftauchenden und versinkenden Wellen des Meeres der Gottheit, und Selbstbewußtsein und Wille sollten nicht dieser selbst in ihrem Wesen zukommen, sondern nur dem Processe ihrer Entwicklung in den endlichen Geistern angehören. Hiergegen betonte Leibniz die Persönlichkeit und Freiheit Gottes und des Menschen, die Nothwendigkeit des Unterschieds; keineswegs ist Alles Eins; es gibt nicht zwei Dinge im Himmel und auf Erden die einander völlig gleich wären, jedes ist ein eigenthümliches Wesen für sich; es hat keine Fenster und entwickelt sich nur aus sich selbst, ohne Einfluß von Außen, — so daß für ihn Gott wieder neben die Welt trat, und die Wechselwirkung der Wesen aufeinander, sowie die Gemeinsamkeit ihrer Natur, die Einheit des Seins aufgehoben ward. Lessing sah ein daß hier Gegensätze vorliegen die der Versöhnung in einer höhern Idee bedürfen, weil jeder eine Seite der Wahrheit erfaßt, aber sie dadurch zum Irrthum verkehrt daß er sie ausschließlich festhält. Lessing war kein Systematifer, und so überließ er uns die Aufgabe solcher Vermittlung; aber er stand für sich innerhalb der Harmonie, wie Giordano Bruno, wie Jacob Böhme, aus deren Totalanschauung sich erst die Gegensätze von Spinoza und Leibniz dialektisch entwickelten, damit jene Harmonie wissenschaftlich begründet werde. Lessing sagte mit Spinoza, ihn fortbildend: Gott ist der Eine und Unendliche, außer ihm ist nichts, alle Dinge sind nur wirklich in ihm, sind die Entfaltungen seines Wesens, die Gedanken in denen er seine Vollkommenheiten sondert und gliedert, so daß die Welt in Gott entsteht und besteht, er aber zugleich als selbstbewußter Schöpfer über ihr waltet. Alle Wesen sind individuelle Monaden, wie Leibniz lehrte, und die Menschen demnach unsterbliche Persönlichkeiten, deren ewige Natur in mannigfachen Daseinsformen und Metamorphosen sich darstellt; aber ihr gemeinsamer Quell ist Gott, der sie durchbringt und in sich begreift. Sein Gesetz herrscht als natürliche und sittliche Weltordnung; aber kein Mensch muß müssen, wir sind frei, wir entwickeln und bestimmen uns selbst, wir ernten in den Folgen und dem Bewußtsein unsrer Thaten Strafe oder Lohn, wir sollen mit eignem Willen das göttliche Gesetz erfüllen, die Keime herausgestalten die Gott in uns gelegt, unsre Eigenthümlichkeit zur Vollkommenheit ausbilden.

Nur auf diesem Standpunkt konnte Lessing den Begriff göttlicher Offenbarung und menschheitlicher Entwicklung in der Erziehung des Menschengeschlechts finden und dadurch die Philosophie der Geschichte und Religion möglich machen. Hiermit erhob er sich über seine Zeit, in welcher die bornirte Orthodoxie Alles außer den dogmatischen Satzungen des sechzehnten Jahrhunderts für Unglauben und Unwahrheit hielt, während der Hochmuth der Aufklärung alles Andre außer der eignen Verständigkeit für Aberglauben erklärte, überall nur das eigne Licht leuchten sah, oder es durch Betrug verdeckt wähnte. Beide Parteien legten entweder allen großen Männern der Vorzeit die eigne Weisheit unter, oder verdammten und bedauerten sie, weil sie sich nicht zu derselben erhoben hätten. Erst Lessing erkannte eine geschichtliche Entwicklung der Ideen, eine stufenmäßige Entfaltung der Wahrheit, eine Gestaltung derselben in verschiedene Formen nach nationaler Eigenthümlichkeit und zeitgemäßem Bildungsgrade. Orthodoxe wie Aufklärer hatten die Offenbarung Gottes an die Menschheit für unbegreiflich erklärt, nur daß die Einen sie dennoch behaupteten, die Andern sie verwarfen; Lessing verstand sie zu begreifen. Die göttliche Vorsehung war ihm die innerlich bewegende und leitende Macht der menschlichen Entwicklung; die Menschen waren ihm zu eignem Leben erweckte Gedanken Gottes, Gott blieb also in ihnen wirksam; ihnen war die Anlage der Gotteserkenntniß, die Idee der Religion eingeboren, sie sollten solche hervorarbeiten, in organischem Fortschritt immer klarer und voller an's Licht gestalten; hierzu sie zu führen enthüllte Gott sein Wesen einzelnen großen und frommen Männern, und ließ als innere Anschauung in ihnen offenbar werden und durch sie verkündigen, was der gemeinsamen göttlichen und menschlichen Vernunft gemäß ist. So wird die Offenbarung zur Erziehung des Menschengeschlechts, indem der göttliche Geist dem menschlichen stets höhere Zielpunkte der Entwicklung aufstellt und für dessen wachsende Fassungskraft neue Wahrheiten in einzelnen Geistern aufleuchten läßt, welche die Menschheit annehmen und durch ihr Nachdenken in das Eigenthum der Vernunft verwandeln soll.

Erziehung zieht hervor was in der Seele liegt; sie ist Leitung einer Persönlichkeit durch eine andre höhere; Erziehung gibt dem Menschen nichts was er nicht auch aus sich selber haben könnte, aber sie gibt es ihm leichter und geschwinder; so gibt uns auch die Offenbarung das worauf die Vernunft, weil es ihr gemäß ist, von selber kommen könnte, aber sie gibt uns die wichtigsten Dinge früher, sowie ein Rechenmeister den Schülern das Facit voraussagt, damit sie sich im Rechnen danach richten und durch ihre Thätigkeit das Rechte finden. Die allgemeine Vernunft ist also der Ursprung der Religion und das Christenthum der Vernunft ist das Ziel der Geschichte; die Ausbildung geoffenbarter Wahrheiten in Vernunftwahrheiten ist schlechterdings nothwendig, wenn dem Menschengeschlecht damit geholfen werden soll.

Hiernach erkennen wir mit Lessing in den einzelnen Perioden und Völkern der Weltgeschichte die Stufen ihrer fortschreitenden Entwicklung, und Ursprung und Ausbildung der Religion erscheint nicht ein Erzeugniß von Betrug und Gewalt, sondern ein Werk der göttlichen Weltordnung; die Philosophie der Geschichte und Religion hat durch Herder, Schelling und Hegel hier angeknüpft und auszuführen begonnen was Lessing angedeutet. Bei einigen Denkern des Mittelalters fand Lessing die Lehre von einem dreifachen Alter der Welt, als dem Reiche des Vaters, des Sohnes und Geistes; ihnen schloß er sich an, und für das ewige Evangelium, auf das sie zu ihrer Zeit schon gehofft, sah er die seinige heranreifen. In der vorchristlichen Welt herrschte der Vater und offenbarte seine Einheit und Persönlichkeit im alten Testament; in Christus erschien der Sohn, das Ebenbild Gottes, das dieser als den Gedanken seiner selbst ewig in sich erzeugt; was der Sohn offenbarend lehrte soll nun der Geist als freie Vernunftwahrheit begründen und alle andre Erkenntniß damit in Einklang setzen. Soll die Erziehung nicht ihr Ziel haben? Die Menschheit nie zu einer völligen Aufklärung und zu derjenigen Reinigkeit des Herzens gelangen, welche die Tugend um ihrer selbst willen liebt und übt? Nie zu einem Leben der Freiheit und Ordnung ohne äußeren Zwang, weil Jeder sich selbst zu regieren versteht? Nie? Es wäre Lästerung dies zu denken. Sie wird gewiß kommen, die Zeit eines neuen ewigen Evangeliums, die uns selbst in den Elementarbüchern des neuen Bundes versprochen wird.

Hieran hielten sich die Romantiker mit ihrer Hoffnung auf ein Wiederaufleben der Religion, da sie äußerlich erstorben schien im Unglauben und Aberglauben; Friedrich Schlegel sang:

> „Es wird das neue Evangelium kommen!"
> So sagte Lessing, doch die blöde Rotte
> Gewahrte nicht der aufgeschloss'nen Pforte;
> Und dennoch was der Theure vorgenommen
> In Denken, Forschen, Streiten, Ernst und Spotte
> Ist nicht so theuer wie die wen'gen Worte.

Uns aber knüpft sich diese Erkenntniß von einem Reich des Geistes, in welchem sich das des Vaters und Sohnes nicht aufhebt, sondern erfüllt und vollendet, an den Ausgangspunkt unsrer Betrachtung, wo wir in Lessing einen Herold desselben begrüßt haben.

Schiller.

Das Leben des Menschen auf Erden ist kein leichtes Spiel, sondern die schwere Arbeit an der ernsten Aufgabe die innere Anlage der Persönlichkeit durch freie selbstbewußte That zu verwirklichen, die entscheidende Stelle für eine ewige Fortentwickelung zu erobern oder zu begründen. Mitten in einer Welt, die uns bald verlockt, bald hemmt und zurückstößt, soll der Kampf unsere Kraft erwecken, der Schmerz uns läutern und auf das eigne Innere hinweisen; Sinnenwelt und Vernunft, Pflicht und Trieb, Himmlisches und Irdisches sollen wir verbinden und zur Versöhnung bringen. Den beglückenden Beweis davon daß diese Versöhnung möglich, ja erst die volle Wirklichkeit sei, führt uns die Schönheit, in welcher die Natur sich in den Geist verklärt, das Ewige in die Sichtbarkeit tritt und das Zeitliche durchleuchtet; der herzgewinnende Zauber wie die Weihe der Kunst beruht darauf daß sie die Widersprüche des Lebens harmonisch auflöst und das in sich Vollendete als das Ziel, das mit der Anziehungskraft des Glückes, der Seligkeit begabte Ziel unsres Sollens und Wollens hinstellt. So hat Schiller in einem seiner herrlichsten Gedichte das Ideal und das Leben geschildert. Das Leben steht im Streit, da ist der Krieg der Vater aller Dinge, die Kühnheit zerschlägt sich an der Stärke und die Wunde brennt; aber das Ende ist der Sieg, und die Anmuth, der Einklang im Werke der Kunst offenbart uns wie die ringenden Gegen-

sätze ineinander greifen in freudigem Wetteifer zum gemeinsamen Heil des Friedens und der Liebe. Der Jammer, die
Leiden der Menschheit fassen uns selber an oder rühren uns
im Mitgefühl: die Kunst zeigt wie sie dem rechten Dulder
zum Besten dienen, wie sich in ihrem Feuer das echte Gold
der Gesinnung bewährt, wie sie nur der Schatten im Gemälde sind. Die Heiligkeit des Gesetzes steht unsrer Schwäche
und Sündhaftigkeit mit erschreckender Majestät gegenüber;
das in der schönen Seele sich darstellende Ideal aber zeigt
uns wie der Naturtrieb selber sich der Pflicht zum Träger
bietet, wie in der Liebe zum Guten das Herz seine Be-
seligung findet, es lehrt uns das Göttliche aufnehmen in unsern
Willen, daß wir die Angst des Irdischen von uns werfen
und frei im Ewigen leben. Es erfordert Anstrengung das
Schöne zu erreichen, der Nerv des Fleißes muß sich anspannen
den Stoff dem Gedanken zu unterwerfen:

> Nur dem Ernst, den keine Mühe bleichet,
> Rauscht der Wahrheit tiefverstecker Born,
> Nur des Meisels schwerem Schlag erweichet
> Sich des Marmors sprödes Korn.
> Aber bringt bis in der Schönheit Sphäre
> Und im Staube bleibt die Schwere
> Mit dem Stoff, den sie beherrscht, zurück.
> Nicht der Masse qualvoll abgerungen,
> Schlank und leicht wie aus dem Nichts gesprungen
> Steht das Bild vor dem entzückten Blick.
> Alle Zweifel, alle Kämpfe schweigen
> In des Sieges hoher Sicherheit,
> Ausgestoßen hat es jeden Zeugen
> Irdischer Bedürftigkeit.

Da reicht Hebe, die Göttin der Jugend, den Becher der
Unsterblichkeit dem Herakles, der die irdische Dienstbarkeit

nach dem Götterwillen auf sich genommen, im Kampf mit
den Ungeheuern zum Wohle der Menschen seine Kraft erprobt
und auf dem selbst angezündeten Scheiterhaufen sich von
allen Schlacken gereinigt hat, — ein Gleichniß das Schiller
liebte und das sein eignes tapfres Ringen nach dem Ideal
und sein endliches Gewinnen der vollendeten Kunstschönheit
versinnlicht. Er ist bald dahingeschieden als er dieß Ziel
erreicht hatte, er ist jung gestorben, aber können wir nicht
mit Carlyle die Frage Karl XII. über Alexander wieder-
holen: „Hat er nicht lang genug gelebt, wenn er Königs-
reiche erobert hat?" — „Diese Königreiche, setzt sein geist-
voller englischer Biograph hinzu, wurden von Schiller nicht
für eine Nation auf Kosten der andern erobert, sie waren
nicht besudelt mit dem Blute der Patrioten, mit den Thränen
der Wittwen und Waisen, sie wurden abgerungen dem öden
Reiche der Finsterniß zur Erhöhung des Glücks, der Macht,
der Würde aller Menschen: neue Formen der Wahrheit,
neue Sprüche der Weisheit, neue Bilder und Scenen der
Schönheit, gewonnen aus dem formlos Leeren, bestimmungs-
los Unendlichen, ein Besitzthum für immer, für alle Geschlechter der Erde."

Und so zeigt uns Schiller in seinem Leben wie in seinen
Werken daß der Mensch und vor allem der Künstler in der
Kunst keine bloße Unterhaltung zum Zeitvertreib müssiger
Stunden sehen solle, daß sie keine bloße nutzlose Wiederholung und Nachahmung der Außenwelt sein dürfe, sondern
daß sie uns aus den Wirrnissen und Nöthen des Daseins
zur Freiheit und Klarheit erheben müsse, daß sie nicht ver-
sinken dürfe in den Schmutz der Erde, sich nicht hineinwühlen
dürfe in die Zerrissenheit und Düsterheit um ein dunkles und

widerspruchvolles Bild derselben zur Qual der Beschauer zu entwerfen, sondern daß sie es verstehen müsse das Licht des Geistes in die Tiefe zu tragen, die Zweifel der verzweifelnden Gemüther zu lösen, und das Wort des Trostes, der Erleuchtung und der Versöhnung auszusprechen. Nicht daß sie auf glatter Oberfläche dahingaukelnd den Blick abkehren sollte von den Schauern des Abgrundes oder ihn mit trügerischen Blumen bedecken; aber sie soll die Wunden heilen die sie schlägt, die Kluft überbrücken die Himmel und Erde trennt, und die Priesterin einer sittlichen Weltordnung sein, die jetzt in dem furchtbaren Gericht über das Böse, jetzt in der huldvollen Errettung und Erhöhung des Guten, immer als der Wille der Liebe sich erweist.

Daß jedoch die Kunst dies vermöge, dazu gehört vor allem daß der Künstler selbst reinen Herzens sei und den Frieden in sich trage. Auch Schiller hat den Kampf der Pflicht kämpfen müssen, auch in seinen Jugendliedern erklingt der Aufschrei der Leidenschaft gegen das Gesetz, aber eine sittliche Wiedergeburt ging bei ihm mit der künstlerischen Hand in Hand, und die rohe Naturgewalt in seinen Erstlingswerken lernte er dadurch überwinden daß er selber, gestählt in der Schule der Noth, im Bunde mit edlen Menschen Ruhe und Maß in der eignen Seele fand. In diesem Sinne sagt er dann: „Alles was der Dichter uns geben kann ist seine Individualität. Diese muß es also werth sein vor Mit- und Nachwelt ausgestellt zu werden. Diese seine Individualität so sehr als möglich zu veredeln, zur reinsten herrlichsten Menschheit hinaufzuläutern ist sein erstes und wichtigstes Geschäft, ehe er es unternehmen darf die Vortrefflichen zu rühren." Dann aber muß zur Reinheit des Herzens die

Tiefe und Klarheit des Geistes kommen, daß wiederum das
Dichterwort vom rechten Künstler seine Wahrheit habe:

> Ihm gaben die Götter das reine Gemüth,
> Drin die Welt sich, die ewige, spiegelt,
> Er hat Alles geseh'n was auf Erden geschieht
> Und was noch die Zukunft versiegelt,
> Er saß in der Götter urältestem Rath
> Und behorchte der Dinge geheimste Saat.

Keineswegs kann er alle einzelne Gegenstände erfahrungs-
mäßig kennen lernen, zumal die künftigen nicht, aber er kann
sich erheben zur Anschauung der Grundformen alles Lebens
und Geschehens, und die Weihe des echten Künstlers besteht
in der Begeisterung, kraft welcher er die ewigen Musterbilder
der Welt erkennt wie sie vor dem Auge Gottes stehen, wie
sie als göttliche Gedanken der Quell und das Ziel aller
Entwicklung, das vollendete Urbild für die vielfältig mangelhaften und getrübten endlichen Erscheinungen sind. Dies
Urbild darzustellen, ihm sinnenfällige Gestalt zu geben, ist die
rechte Aufgabe des Künstlers; ihm kommt es zu, sagt Schiller,
"das Vortreffliche seines Gegenstandes von gröbern, wenigstens
fremdartigen Bestandtheilen zu befreien, die in mehreren
Gegenständen zerstreuten Strahlen von Vollkommenheit in
einem einzigen zu sammeln, einzelne das Ebenmaß störende
Züge der Harmonie des Ganzen zu unterwerfen, das Individuelle und Lokale zum Allgemeinen zu erheben." Mit diesen
Worten ist die Thätigkeit des Idealisirens geschildert, sie ist
nur möglich, wenn der Künstler bereits das Ideal im Gemüthe trägt, darnach das ihm Gemäße in den Erscheinungen
erkennt und bemißt, die zerstreuten Züge zum Ganzen ver-
bindet oder selbst das Mangelnde ergänzt. Das Ideal ist

nichts Unwirkliches, es ist der Kern und die Vollendung des Wirklichen selbst, die Krystallgestalt des Lebens, die alle Elemente desselben in die rechte Wohlordnung bringt, womit alle Verworrenheit verschwindet und die ursprüngliche gesetzmäßige Form der Natur licht und rein hervortritt. Indem der Dichter dies entdeckte, wollte er nicht mehr wie Karl Moor den Bau der Welt zertrümmern, kein Buch mehr schreiben das der Henker verbrennen sollte, sondern schuf er in seinem Posa den Propheten und Prediger der Humanität, der durch Bildung gewonnenen Freiheit, der das entzückende Bild einer harmonischen Gemeinschaft denkender selbstständiger Menschen entwirft um es als das Ziel der Entwicklung hinzustellen, zu seiner Verwirklichung durch fortschreitende Gesittung, durch einsichtige wohlwollende Leitung des Volks und reformatorische Fortgestaltung der Zustände hinzuführen. Und hier begann Schiller wieder bei sich selbst, er begab sich bei dem größten Denker des Jahrhunderts, bei Immanuel Kant in die Schule, er eignete sich an was die Philosophie vom Wesen des Geistes und von der Bestimmung des Menschen erforscht hatte, und indem er dadurch Halt und Klarheit für sein eignes künstlerisches Schaffen erwarb, förderte er wieder die Philosophie dadurch daß er mit dichterischer Phantasie und scharfem Verstande den Begriff der Schönheit wissenschaftlich bestimmte.

Schiller pries sich am Abende seines Lebens glücklich weil dasselbe in das Zeitalter der Idealphilosophie gefallen sei; er wußte was er der Einkehr in das Reich des Gedankens, was er der Forschung nach der Wahrheit um der Wahrheit willen verdankte. Damals als er zur eignen Fortbildung auf der von Kant eröffneten Bahn ging, und der Selbstthätigkeit seiner Natur gemäß zugleich producirte wo er studirte, damals hat der große Weise von Königsberg selber die Abhandlung über Anmuth und Würde als eine meisterhafte begrüßt, und wie die Briefe über ästhetische Erziehung erschienen, äußerte Fichte zu Wilhelm von Humboldt: wenn Schiller seine Ideen systematisch entwickele und die Einheit seiner Weltanschauung, welche in seinem Gefühle vorhanden sei, begründe und wissenschaftlich durchführe, so sei eine neue Epoche in der Philosophie von ihm zu erwarten. Das war mit dem Tiefblick des Genius wahrgenommen. Denn wenn auch Schiller wesentlich Dichter war und gerade damals im Begriffe stand seine Gedanken in seiner Lyrik, in seinem Wallenstein künstlerisch zu gestalten statt sie philosophisch zu erörtern, so hatte er doch erkannt und ausgesprochen daß die Gesetze unsres Geistes zugleich die Weltgesetze sind, er hatte das Schöne für die Ineinsbildung des Idealen und Realen erklärt, und hier haben Schelling und Hegel angesetzt das vom Dichter Angedeutete auf alle Lebensgebiete auszubreiten und systematisch zu entwickeln. Bald aber hat man vielfach geglaubt der Philosophie entrathen zu können, man hat statt auf die Ideale vielmehr auf das Gegebene, das so genannte Positive hingewiesen, als ob das wirklich Positive die vergänglichen Dinge, die menschlichen Uebereinkömmlichkeiten und nicht vielmehr die ewigen Gedanken, die göttlichen Principien wären! Man sollte und wollte nicht mehr fragen: was ist wahr, was ist recht, sondern was ist Ueberlieferung, was ist Satzung! Und ein geistleugnender Materialismus wie ein geistloser Dogmatismus waren die traurige Folge davon. Dergleichen will nicht blos mit dem Verstande, sondern auch mit dem Herzen überwunden sein. Und darum dürfen wir in der begeisterten Huldigung, die unserm Schiller in diesen Tagen gebracht wird, in dieser Erhebung der Gemüther nicht blos die Bestätigung sehn daß der am meisten philosophische Dichter auch der volksthümlichste in Deutschland ist, sondern wir mögen daran auch die Hoffnung knüpfen daß der Eifer für die freie und freimachende Wahrheit, der Dienst des Geistes im Leben und Wissen einen frischen und freudigen Aufschwung nehme.

Die Verbindung von Kunst und Wissenschaft in ausübender Thätigkeit ist allerdings Schillers eigenthümliche Gabe und Größe; aber das dürfen wir kühn sagen daß alle Künstler ersten Ranges auf der Höhe ihrer Zeit gestanden, die Errungenschaft der besten Gedanken, der edelsten Bildung in ihren Werken gesammelt und ausgeprägt, in vollendeten Formen der Mit- und Nachwelt überliefert und dadurch die Culturträger und Repräsentanten ihres Volks und Jahrhunderts geworden sind, nicht blos ein Aeschylus oder Dante, auch Shakspere und Goethe, auch Händel und Beethoven, Raphael und Michel Angelo, Dürer und Rubens und die hervorragenden Meister unsrer Tage.

Schiller ist Dichter der Idee, sie ist ihm das Erste, von ihr geht er aus und sucht ihr einen Träger in der Geschichte, einen Helden und ein Ereigniß das sie ausprägt. Sie ist ihm wie Platon, dem Begründer der Ideenlehre, das in sich vollendete Sein, das über ihren getrübten und gebrochenen Abbildern, den Erscheinungen in Zeit und Raum, mit göttlichem Glanze schwebt. Darum läßt seine Muse uns die Angst des Irdischen abwerfen, uns aus den Schranken der Sinnlichkeit ins Unendliche erheben; sie will uns nicht blos in einen Traum von Freiheit versetzen, sondern uns die Freiheit des Gemüths in dem lebendigen Spiel all seiner

Kräfte dauernd als höchsten Genuß verleihen. Ueberall ruft sie zur Anschauung des Heiligen und Höchsten auf. Aber der Welt wird sie oft zu wenig gerecht, sie sättigt ihre Ideal=gebilde oft zu wenig mit Realität, sie weiß der Verkörperung der allgemeinen Gedanken gar manchmal weder für das Auge die plastische Klarheit, die feste Umrißlinie und Farbe der Natur, noch für das Gefühl den Pulsschlag und die Wärme des individuellen Lebens zu verleihen. Daher zugleich die Erhabenheit und der elegische Ton in Schillers Poesie; der Erhabenheit, indem er uns beständig in das Reich des Gedankens und seiner Freiheit emporführt, und der elegische Ton, weil er selber empfindet daß er eine andere Welt in seinem Herzen trägt als die wirkliche ist, weil er sich ahnungs=voll sehnt nach dem Paradiese, wo das Irdische himmlisch unvergänglich sein wird, aber klagend ausruft:

> Ach kein Steg will dahin führen,
> Ach der Himmel über mir
> Will die Erde nicht berühren,
> Und das Dort ist niemals Hier!

Aber er schmilzt nicht dahin in weiblicher Klage, sondern rafft als ein Mann sich auf und spricht:

> Du mußt glauben, du mußt wagen,
> Denn die Götter leihn kein Pfand;
> Nur ein Wunder kann dich tragen
> In das schöne Wunderland.

Er nimmt die Gottheit auf in seinen Willen, und sie steigt von ihrem Weltenthron, sie wohnt in seiner Seele, er lebt in ihr, er schaut ihre Offenbarungen, und als ein Seher ver=kündet er sie den Menschen. Er wird ein sittlicher Erzieher seines Volks, das in den Tönen seiner Poesie die Worte des Lebens von Jugend auf vernimmt. So wenig als einem

Platon die Philosophie im höchsten und reinsten Denken aufging, ist für Schiller die Poesie bloß das künstlerische Gestalten im Wohllaut der Sprache; Philosophie und Poesie sind für beide ein Liebesaufschwung der Seele zu Gott, ein Freiwerden von den Banden der Sinnlichkeit, eine Läuterung des Menschen, eine sittliche That. Darauf beruht die religiöse Weihe des Platonischen, des Schiller'schen Geistes.

Das Ideal dem Schiller nachtrachtete, das er veranschaulichte, war nicht die Schönheit der körperlichen Gestalt, der ruhenden Form, sondern das geistige Leben in seinem Werden, der Wille in seiner Vollführung durch die That; so ward er Dichter und wesentlich Dramatiker. Und hier ist es wiederum nicht die sinnige Entfaltung des Individuellen, die Offenbarung der Herzensgeheimnisse, der Gemüthsinnerlichkeit, was ihn anzog und ihn gleich Goethe zum Seelenmaler gemacht hätte, sondern es sind die allgemeinen Gedanken welche die ganze Menschheit berühren, es sind die weltbewegenden Fragen des öffentlichen Lebens denen er sich zuwendet, wie es im Prolog zum Wallenstein heißt:

> Denn nur der große Gegenstand vermag
> Den tiefen Grund der Menschheit aufzuregen,
> Im engen Kreis verengert sich der Sinn,
> Es wächst der Mensch mit seinen großen Zwecken.
> Und jetzt an des Jahrhunderts ernstem Ende,
> Wo selbst die Wirklichkeit zur Dichtung wird,
> Wo wir den Kampf gewaltiger Naturen
> Um ein bedeutend Ziel vor Augen sehn,
> Wo um der Menschheit große Gegenstände,
> Um Herrschaft und um Freiheit wird gerungen,
> Jetzt darf die Kunst auf ihrer Schattenbühne
> Auch höhern Flug versuchen, ja sie muß,
> Soll nicht des Lebens Bühne sie beschämen.

Darum wird die Weltgeschichte das Studium Schillers, das Material für seine Phantasie, und er sah in ihr eben so sehr das Werk selbstständiger Charaktere und ihres persönlichen Wollens als das Walten einer göttlichen Ordnung und den Sieg der sittlichen Idee. So trat er mit seiner Dichtung unter alle Nationen Europa's, hatte aber stets vornehmlich das rein Menschliche im Auge, so trefflich die lokale Färbung und Zeitstimmung ihm auch manchmal gelang. Er führt uns an den Königshof Philipp's II. nach Spanien, aber um den erhebenden Gedanken des freien und humanen Staats dem weltlichen und geistlichen Despotismus entgegen zu stellen; er führt uns nach England, um uns in Maria Stuart die Schönheit des leidenden Weibes und den himmlischen Trost der Religion in der die Schuld sühnenden Buße des Gemüthes zu zeigen; er führt uns nach Frankreich, und wie die Jungfrau von Orleans von heiliger Begeisterung ergriffen wird, erscheint die Befreiung des Vaterlandes als ein gottgewolltes Heldenwerk; und wenn schon sein Fiesko ein Gemälde des Ehrgeizes im Streite mit dem Republikanerthum auf italienischem Boden entfaltet hatte, so verlegte er den selbsterfundenen Stoff der Braut von Messina gleichfalls nach dem Süden um mit dessen Farbenpracht seine Dichtung zu schmücken; den Norden sollte sein Demetrius erobern, der nicht nur ein so treues als glänzendes Bild des polnischen Reichstages gibt, der auch nach dem großartigen Plan darstellen sollte wie der Mensch so lange siegreich und edel ist, so lange er an sein Recht glaubt, wie er aber in Selbstsucht und Mißtrauen untergeht, wenn er diesen Glauben verliert. Die Krone seiner historischen Poesie indeß gebührt den Dichtungen deren Stoff der Heimath angehört. Indem er in seinem größten Werk, im Wallenstein, uns in den dreißigjährigen Krieg versetzt und dabei wie im Zauberspiegel dem aufsteigenden Gestirne Napoleons sein mahnendes Bild erscheinen läßt, entrollt er zugleich das allgemein giltige Gemälde einer Helden- und Herrschernatur, die in einseitigem Realismus sich den tragischen Untergang bereitet; und indem er im Tell der Volkssage von der Befreiung der Schweiz die künstlerische Vollendung gibt, eröffnet er gleich einer Aussicht in die Ferne aus dem Gebirgsthal den Blick auf den Umschwung der Kultur; an die Stelle mittelalterlichen Ritterthums und mittelalterlicher Hörigkeit tritt das Bürgerthum der Neuzeit, und wenn noch ein Shakspere das Volk nur ironisch als die haltlose vielköpfige Menge behandelte, ein Goethe nur durch die individuellen Züge seiner Volksscenen im Egmont ergötzte, so war Schiller der Erste welcher das Volk als organisches Ganzes in seiner Tüchtigkeit, als den würdigen Träger seiner hervorragenden Führer dichterisch veranschaulichte. Sein Drama ward dadurch ein prophetischer Gesang des Trostes und der Hoffnung für Deutschland während des Drucks der Fremdherrschaft, und als die Erhebung in den Befreiungskriegen erfolgte, da gab ihnen Schiller mit Fichte den Ton seiner Begeisterung an. Nicht umsonst war er nicht blos mit Luther, sondern auch mit Scharnhorst an gleichem Tage geboren. Darum erkor das Volk ihn zum Liebling, und wenn eine liederliche Scheingenialität der Romantik über Schillers moralische Tendenzen mitleidig lächelte, eine blasirte Vornehmheit des Geschmacks in den Tagen der Restauration in ihm mehr den Trachter als den Dichter sehen wollte, das Herz des Volkes ward dadurch gewonnen daß sein Dichten zugleich ein Trachten war, daß er zugleich zur Verwirklichung der Ideen aufforderte, die er als das Ziel und die Aufgabe des Lebens hinstellte. Allerdings kam dadurch etwas von rednerischem Gepräge in seine Dichtung, das schlanke, sangbare Lied, dieser unmittelbare melodische Aushauch der Seele, die holdselige Naivität jungfräulicher Charaktere gelang ihm nicht in dem Maße wie Goethe dadurch gerade unsre Bewunderung erweckt: aber wie Schiller das Wesen des Menschen in den Willen setzte, so ist die selbstbewußte Arbeit, die geschichtliche That, der Mannescharakter sein Gebiet: Er war selber der Dichter der Idee durch die Macht des Willens, der mit einem Ueberschusse von Selbstthätigkeit, wie das Wilhelm von Humboldt bezeichnet hat, sich weniger den Dingen als ein ruhiger Spiegel gegenüberstellte, vielmehr den Stempel seiner eigenen großen Natur ihnen aufdrückte; er begabte seine Gestalten stets mit dem klangvollen Metall der eignen Stimme, und legte ihnen seine eignen Gedanken in den Mund. Er war der Dichter nicht sowohl durch die Gnade der Natur in glücklich harmonischer Entfaltung des eignen Innern, wie der hellenische Goethe, sondern im Unterschiede von diesem mehr der Römer, der durch die Macht des Willens groß wird und einer widerstrebenden Welt gegenüber das Heiligthum der Poesie erobern muß. Daher sein ruhmreicher Bildungsgang, der die ursprünglich wilde Genialität durch das Studium der Philosophie und Geschichte läutert; aus der Noth des Daseins erhebt er sich um so muthiger in das Reich des Gedankens dort Trost und Ruhe zu finden. Auch als er für seine Kraft das Maß der schönen Form und die Vollendung der Kunst erlangt, bleibt ihm die Poesie eine ernste Lebensaufgabe, ein Tempeldienst und Priesterthum. Das Gewissen ist seine Muse, wie Frau v. Staël treffend bemerkt, und er gibt sein bestes Herzblut willig hin, wenn sein Geist die Stunden schöpferischer Thätigkeit einem kranken krampfgequälten Körper abringt und die Nacht zum Tage macht um in ihrer feierlichen Stille dankbar der Menschheit zu verkündigen was ein Gott ihn gelehrt und was ihm durchs Leben geholfen.

Auch der Freundschaftsbund mit Goethe war eine schöne sittliche That, war ein Werk des edlen selbstbewußten Willens. Schiller hatte eine gewisse Bitterkeit niederzukämpfen gegenüber dem glücklichen Nebenbuhler, der im Vollgenusse des Ruhms und der Lebensgüter dastand, während er für seine bürgerliche Existenz noch keinen Boden, für die gährende Fülle seines Innern noch nicht die rechte Form gefunden hatte. Goethe sei ihm im Weg, schreibt er an seinen Freund Körner, und setzt hinzu, er stehe demselben mit einer seltsamen Mischung von Haß und Liebe gegenüber, der Empfindung nicht unähnlich die Brutus gegen Cäsar gehabt haben möge; aber bald richtete er an Goethe das herrliche Bekenntniß: wie er nun einsehe daß das Vortreffliche eine Macht sei und auf selbstsüchtige Gemüther auch nur als Macht wirken könne, daß es aber für edle Gemüther dem Vortrefflichen gegenüber eine Freiheit gebe in der Liebe. Goethe ergriff die dargebotene Hand und ward im Wetteifer mit dem jüngeren Genossen wieder zum Dichter, was er zu sein fast aufgehört hatte, und Schiller schloß seine eigne Bildung dadurch ab daß er Goethe's mehr realistische und auf das Individuelle gerichtete Weise seine idealistische gesellte. Goethe sagt von sich selber daß er der Natur huldige und ihr Recht vertrete, Schiller predige das Evangelium der Freiheit. Schiller aber gab nun seinen Ideen die Grundlage einer lebenswahren Natur und machte lebensfähige individuelle Charaktere zu ihren Trägern, während Goethe fortan seinen Gebilden eine symbolische Bedeutsamkeit lieh und mehr und mehr in die Region der reinen Gedanken aufstieg. Die Erstlingswerke Schillers, kecke Würfe einer sturm- und drangvollen Jugend, enthielten geniale Geistesblitze neben hochtönenden Ausbrüchen der Leidenschaft und unreifen Ansichten; und wenn ihm zumeist in Nebenfiguren eine derbe realistische Naturwahrheit meisterlich gelang, so blieben gerade die Hauptgestalten hinter seinen Absichten zurück. Nun aber zeigte er daß der wahre Idealismus keineswegs sich in abstrakten Gedanken und Träumen ergeht, keineswegs ein Spiel mit äußerlich wohlgefälligen Formen ist, sondern daß der Geist sich den Körper baut und in der schönen Form das selbstgesetzte Maß seiner innern harmonischen Bildungstriebe hervorbringt, daß der Adel der Form ein Erzeugniß des edlen Gehaltes ist, daß die Ideen sich von leeren Gedankenspielen unterscheiden, indem sie sich in naturgemäßen Charakteren und Begebenheiten verwirklichen. Nun erquickt uns die Alpenluft im Tell und wir stehen in einer landschaftlichen Umgebung, mit deren Wahrheit nur ihre Pracht und Fülle wetteifert; nun erfrischt uns der soldatische Ton im Wallenstein, und wir athmen die Atmosphäre jener Zeit mit vollen Zügen. Nun wandeln wir im Spaziergang an der Seite des Dichters, aber er ermüdet uns nicht mit einer Beschreibung der Gegend, die doch der Maler nur auf einmal mit ihrer unsagbaren Stimmung im Zug der Linien, im Reiz der Farben, in der Magie der Beleuchtung veranschaulichen kann, sondern der Dichter selbst bleibt der Mittelpunkt und er zeigt uns neben dem geheimnißvollen sich gleichbleibenden Weben der Natur das Wesen der Cultur, wie sie wird und wächst, von der Natur sich trennt und wieder mit ihr vermählt: und die Sonne Homers siehe sie lächelt auch uns! Nun spricht er seine Gedanken über Menschenleben und Menschenloos nicht mehr als solche für sich aus, was mehr Sache des Philosophen ist, sondern er führt uns in die Halle wo ein Glockenguß bereitet wird, und indem das Werk selber vor unseren Augen fortschreitet, reiht sich daran die Betrachtung wie die Glocke uns mit ihren Klängen von der Wiege bis zum Grabe begleitet, und das Haus und die Familie, die bürgerliche wie die religiöse Gemeinde stehen vor unsrer Phantasie und ihr Wesen wird in wohllautenden Versen seinem innersten Kern und seiner tiefsten Bedeutung gemäß ausgesprochen. Nun verkündigt der Dichter die Herrschaft der Idee, den Sieg des Geistes über die Natur auch in seinen Balladen, aber diese Natur tritt im Handschuh, im Kampf mit dem Drachen, im Taucher so frisch und saftvoll hervor, daß gerade die Anschaulichkeit der Schilderung zunächst unsere Theilnahme erweckt.

So weiß eben der echte Idealist seine Gedanken zu verwirklichen, zu versinnlichen, sie mit Realität zu sättigen. Aber er geht niemals im blos Realen auf, er begnügt sich niemals mit nachahmender Darstellung des Gegebenen, er bleibt nirgends dem Gewöhnlichen verhaftet; alles Besondere wird zum Symbol allgemeingiltiger Wahrheit, jede Gestalt zu einem gattungsmäßigen Typus von Charakteren und Handlungsweisen, und überall entbinden sich aus den Begebenheiten die großen und ewigen Gedanken und ertönen mit herzerfreuender Anmuth, mit geistesleuchtender Hoheit, mit sinnbefreiender Klarheit. Kein charakteristischer Zug der Wirklichkeit wird getilgt; Melchthal bleibt der schweizerische Bauer, aber er wächst zum Helden des Bürgerthums empor; Wallenstein behält den astrologischen Aberglauben, aber derselbe wird aufgefaßt als der ahnungsvolle Glaube an das große organische Weltganze, wo alles mit allem in innerem Zusammenhange steht, und der Tiefblick in dies Mysterium der Welt erklärt wieder die inhaltsschweren Aussprüche des Helden über das Schicksal und die Natur der Dinge. So entrückt uns der echte Künstler nicht dem Leben, aber er erhebt uns über alle beengenden Schranken, über alles Gemeine, und verklärt uns das Wirkliche nach seinem Urbild im Geiste des Schöpfers; und in solcher Hinsicht hat Goethe von einer Christustendenz geredet, die Schillern angeboren war: er habe das Gute in allem mit dem Auge der Liebe gesehen, er habe nichts berührt ohne es zu veredeln, er habe auch in das Gewöhnliche und Unscheinbare den tiefsten Sinn zu legen und das Unendliche daran zu knüpfen gewußt. Das deutsche Volk aber hätte Schillers Heimgang mit den Worten beklagen können, in welche Wallenstein bei der Kunde von Max Piccolomini's Tod ausbricht:

> Er stand neben mir wie meine Jugend,
> Er machte mir das Wirkliche zum Traum,
> Um die gemeine Deutlichkeit der Dinge
> Den goldnen Duft der Morgenröthe webend.
> Im Feuer seines liebenden Gefühls
> Erhoben sich mir selber zum Erstaunen
> Des Lebens flach alltägliche Gestalten.

Endlich zeigt sich die Idealität des echten Künstlers auch darin daß er mehrere Persönlichkeiten, die einander contrastirend entsprechen, sich in unserer auffassenden Phantasie zum Bilde vollmenschlicher Natur ergänzen läßt. So steht der gottbegeisterten Jungfrau von Orleans und dem von ihr

hingerissenen Volke die verstandesscharfe besonnene Mannes-
natur Talbots gegenüber, so erhebt sich Posa in der Mitte
zwischen dem eisernen Philipp und dem gefühlsweichen Don
Carlos, so entzücken uns Max und Thekla durch die Innigkeit ihres Gemüths, wenn sie das Recht des Herzens darstellen mitten in einer Welt berechnender planeschmiedender
selbstsüchtiger Charaktere, und lieber das Leben zum Opfer
bringen als von der Reinheit ihres Empfindens und Wollens
ablassen; wer das für Nebenwerk hält der verkennt die künstlerische Einheit der Tragödie, welche das ganze volle Menschenthum nach den beiden Polen des Idealismus und Realismus entfalten und das Verhängniß entwickeln sollte das beide
trifft, wenn sie sich scheiden statt an einander Halt zu finden;
hat doch der Dichter es auch selber erklärt, daß die Liebe
durch ihr ruhiges Bestehen und ihre Freiheit von allen Zwecken
der übrigen Handlung sich der unruhigen Bewegung derselben
und ihren Zwecken gegenüberstelle und dadurch ein gewisser
menschlicher Kreis sich vollende. Denn der vollkommene
Dichter spricht das Ganze der Menschheit aus; —

> Und wie der erfindende Sohn des Zeus
> Auf des Schildes einfachem Runde
> Die Erde, das Meer und den Sternenkreis
> Gebildet mit göttlicher Kunde,
> So drückt er ein Bild des unendlichen All
> In des Augenblicks flüchtig verrauschenden Schall.

Zeigte uns Schiller den echten Idealisten, der den Bund
mit dem Realismus schließt, und erschien er uns als Vorbild
strebender ringender Willenskraft, durch die er auch bei seiner
einem Shakspere oder Goethe nicht völlig ebenbürtigen poetischen Naturbegabung sich dennoch ihnen, den größten Dichtern

der Neuzeit, zunächst anreihte, so erübrigt es noch seine eigenen Worte über Künstler und Kunst darzulegen. Wo immer die Kunst gesunken und gefallen ist, da ist es durch die Künstler geschehen, darum ruft er diesen zu: „Der Menschheit Würde ist euch in die Hand gegeben, bewahret sie!" Er sieht in den Künstlern die ersten Urheber menschlicher Cultur; nur durch das Morgenthor des Schönen ging der Weg in das Reich der Wahrheit.

> Was erst nachdem Jahrtausende verflossen
> Die alternde Vernunft erfand,
> Lag im Symbol des Schönen und des Großen
> Voraus geoffenbart dem kindlichen Verstand.
> Lang eh die Weisen ihren Ausspruch wagen,
> Löst eine Ilias des Schicksals Räthselfragen
> Der jugendlichen Menschheit auf,
> Still wandelte von Thespis Wagen
> Die Vorsicht in dem Weltenlauf.

Der Künstler ist ihm der Nachahmer Gottes, er folgt dem erhabenen und heiteren Geist,

> Der die Nothwendigkeit mit Grazie umzogen,
> Der seinen Aether, seinen Sternenbogen,
> Mit Anmuth uns bedienen heißt.

So ist die Kunst auch wieder das Ziel der Culturentwicklung, indem alles erst in ihr den Abschluß der vollendeten Form findet. Darum sagt er den Künstlern:

> Der Schätze, die der Denker aufgehäufet,
> Wird er in euren Armen sich erfreu'n,
> Wenn seine Wissenschaft, der Schönheit zugereifet,
> Zum Kunstwerk wird geadelt sein.

Darin liegt aber auch die Forderung an die Künstler daß sie der Wissenschaft sich nicht verschließen, daß sie dem fortschreitenden freien Geist huldigen und ungehemmt von jeder niedern Rücksicht nur der Schönheit und der Wahrheit nachtrachten. Der Künstler, sagt Schiller, ist zwar der Sohn seiner Zeit, aber es ist schlimm wenn er auch ihr Zögling, gefährlich wenn er ihr Günstling ist; denn unberührt von ihren Schwächen, unangetastet von ihrem Verderbniß soll er das Ideal erzeugen. Dieß präge er aus in die Spiele seiner Einbildungskraft und in den Ernst seiner Thaten, präge es aus in allen sinnlichen und geistigen Formen und werfe es schweigend in die unendliche Zeit. Das Gebäude des Wahns und der Willkührlichkeit muß fallen und wird fallen; dem Künstler liegt es ob, das Wahre und Nothwendige, das an dessen Stelle treten soll, zugleich im Gewand der Anmuth hinzustellen und zum Gegenstande des Wohlgefallens zu machen, damit der Mensch in der Zeit darnach zum Menschen in der Idee sich veredle. So arbeitet die Kunst an der sittlichen Erziehung der Menschheit, indem sie zugleich die Freude derselben ist.

"Ernst ist das Leben, heiter ist die Kunst." Und sie strahlt ihre Heiterkeit in den Ernst des Lebens hinein. Wenn wir auch nur durch Ein Bild, Eine Melodie, Ein Gedicht inne geworden sind daß das Ideale kein Traum, sondern Thatsache, daß die Einigung des Geistes und der Natur, des Unendlichen und Endlichen nicht bloß möglich, sondern vollzogen ist, so glauben wir an die Lösung der Räthsel und Widersprüche auch auf anderen Gebieten, so haben wir einen Hafen des Friedens im Sturm, ein Paradies mitten in der Wildniß gefunden, so halten wir fest an dem Vollendeten als dem wahrhaft Wirklichen, und nehmen alles Andere als Trübung die sich lichten, als Halbheit die sich ergänzen, als

Sehnsucht die sich erfüllen wird. So hat Schiller mit der Noth des Daseins belastet dennoch im feurigen Jugendmuth seinen Kuß der ganzen Welt geboten, und als die melodische Stimme der Schöpfung selbst es hinausgerufen, daß Freude der Quell alles Lebens, der Preis alles Strebens sei, daß alles Mannigfaltige harmonisch zusammenklinge, weil ein Geist der Liebe schöpferisch alles gestaltet, beseelt und leitet. Es ist wunderbar wie er in dieser Hymne an die Freude alle Wunden der Erde berührt, alle Schmerzen erwähnt: wir sollen gerade mit ihm inne werden daß trotz Thrannenketten und Sterbebetten, trotz Zweifel und Haß, trotz Gram und Reue, trotz Noth und Tod dennoch die Freude Grund und Ziel des Daseins ist, dann ist, wenn wir gleich dem Dichter feststehen in der Gesinnung die er so wuchtvoll ausdrückt:

> Festen Muth in schweren Leiden,
> Hilfe wo die Unschuld weint,
> Heiligkeit geschwornen Eiden,
> Wahrheit gegen Freund und Feind,
> Männerstolz vor Königsthronen,
> Brüder, gält es Gut und Blut,
> Dem Verdienste seine Kronen,
> Untergang der Lügenbrut!

Ja dann ist die Freude Grund und Ziel des Daseins, wenn wir gleich dem Dichter emporschauen aus allem Drang und aller Wirrniß zu dem Ewigen, zu seiner die Sterne lenkenden Schöpfermacht, zu seiner das Gute lohnenden Güte, zu seiner erlösenden Gnade, — wenn wir gleich dem Dichter selbst den Becher der Lust dem guten Geist weihen.

Und fällt nicht auch heute ein Strahl von der Heiterkeit der Kunst in die Verwirrung und Trübung unserer Zustände? Was wollen sie alle die Feuer auf den Bergen und die Fackeln in den Händen der Jugend, die Festgesänge, die Reden, die aller Orten in Deutschland ertönen? Ist uns nicht in Schiller und seiner Kunst bei aller staatlichen Verschiedenheit ein vaterländischer, ein allgemein deutscher Einheitspunkt gewonnen, ein hohes, geistiges Gut, in dessen Verehrung und Genuß Nord und Süd über die Spaltung der Confessionen und die Zerklüftung der Parteien hinaus sich die Hände reichen? Hat er nicht eine Fahne aufgepflanzt, unter der alle Geschlechter sich schaaren soweit die Deutsche Zunge klingt auch in England, Frankreich, Rußland, ja in Amerika und Australien? Und warum schaaren sie sich in festlichen Zügen zusammen? Weil sie sich Ein Volk fühlen, weil sie diesem Vaterlandsgefühl einen freudigen Ausdruck geben wollen, weil sie den Rütlibund der deutschen Eintracht schließen wollen und die Hände erheben mit den Worten:

> Wir wollen sein ein einig Volk von Brüdern,
> In keiner Noth uns trennen und Gefahr.
> Wir wollen frei sein wie die Väter waren,
> Eher den Tod, als in der Knechtschaft leben.
> Wir wollen trauen auf den höchsten Gott
> Und uns nicht fürchten vor der Macht der Menschen.

Das ist die rechte Schillerfeier, das ist mehr als der Dichter selbst in begeisterter Stunde geahnt, da ihn den heimathlosen Flüchtling eine Freundschaftsgabe aus dem ihm noch fremden Kreise Körners überrascht hatte. Er schrieb damals der mütterlichen Freundin Frau v. Wolzogen, die ihm eine Zufluchtstätte bereitet hatte: "Wenn ich mir denke daß in der Welt vielleicht mehr solche Cirkel sind, die mich unbekannt lieben und sich freuen mich kennen zu lernen, daß viel-

leicht in hundert und mehr Jahren, wenn mein Staub schon
lange verweht ist, man mein Andenken segnet, und mir noch
im Grabe Thränen und Bewunderung zollt, — dann freue
ich mich meines Dichterberufes und versöhne mich mit Gott
und meinem oft harten Verhängniß." — An uns aber ist es
mit unverbrüchlicher Gesinnung das durch Schiller geweihte
Nationalgefühl fortzuhegen, an uns ist es gleich ihm dem
Geist der Wahrheit und der Liebe uns zu eigen zu geben,
gleich ihm dem Ideale treu zu sein.

Goethe.

Wir haben das große Fest des einen unserer ersten Dichter nicht feiern können ohne dabei auch des andern zu gedenken, und wir dürfen es als einen Fortschritt nationaler Bildung bezeichnen daß die Versuche nur ganz spärliche und vereinzelte waren Schiller auf Kosten Goethes erhöhen zu wollen; vielmehr wie von den herrlichen Männern selbst einer am andern neidlos seine Freude hatte, so lernen wir endlich ihnen mit gleicher Liebe gerecht werden, und schon regt sich die Empfindung daß für Schiller vom deutschen Volke zwar nicht zu viel, aber für Goethe zu wenig gethan worden. Wie oft hat man ihn vor seinem Freunde als den Glücklichen gepriesen! Und allerdings war er ein Günstling der Natur, reich von ihr begabt, leicht dahingetragen von der Woge der Zeit und sicher auf die Höhe des Daseyns gestellt, während Schiller weit mehr unter dem Druck äußerer Verhältnisse zu leiden und zu ringen hatte, und der himmlische Genius in ihm die leibliche Lebenskraft verzehrte; aber auch Schiller erstürmte mit der ersten Jugendthat die Herzen des Volks, er fand im frischesten Mannesalter ein schönes Familienleben, eine freie Weltstellung, sein Schicksal hat der Anlage und der Entwickelung seiner Persönlichkeit förderlich entsprochen; so hat er in allen geistigen Dingen und jetzt noch durch sein Fortwirken auf Erden auch in dieser Feier seines hundertsten

Geburtstags das entschiedenste Glück gehabt. Die politischen Stürme schienen am Anfang des Jahres ihr hindernd entgegenzutreten, aber sie haben ihr nur den Weg bereitet, und es knüpft sich an sie ein neuer Aufschwung unseres Volksgemüthes, während vor zehn Jahren bei der Ernüchterung nach dem Rausch und der anscheinenden Hoffnungslosigkeit der öffentlichen Verhältnisse nur eine kleine Gemeinde sich am 28. August in dem Gedanken versammelte, daß uns in Goethe ein Stern aufgegangen von so reinem und vollem Glanz, der uns die Hoffnung in das Herz strahlt es werde dennoch das Germanenthum die Begründung der humanen Cultur vollenden, für die der Dichter gelebt und gesungen.

Und hat nicht er selbst, der Seliggepriesene, am Abend seines Erdenwallens bekannt, daß wenn er die Summe seiner Tage zöge nur wenige Wochen ungetrübten Glückes herauskämen? Sollte auch im Ernste jemand zweifeln daß es noch andere Sorgen gibt als die um das tägliche Brod, noch andere Schmerzen als die der irdischen Bedürftigkeit? Wer eine glühende Masse auf dem Herde sieht, äußert Goethe einmal, denkt nicht daß so viele Schlacken darin stecken als sich offenbaren, wenn sie unter den Hammer kommt. So habe es eines gewaltigen Hammers bedurft um seine Natur von den vielen Schlacken zu befreien und sein Herz gediegen zu machen. Das eherne Schicksal hat auch ihn zum Manne geschmiedet wie seinen Prometheus, dessen Qualen er empfunden, in der eigenen Brust und in der Außenwelt den Widerspruch der Wirklichkeit mit dem Ideal, die glühende Sehnsucht nach Wahrheit und Freiheit für sich und für Alle aus Irrthum, Verfinsterung und beengenden Schranken, den Wahn der Menge, die den zurückstößt, höhnt oder kreuzigt der ihr das

Heil bringen will. Sein harmonisches Lied der Versöhnung, die Iphigenie, nannte Goethe ein Schmerzenskind; er war selber der Orestes gewesen, der in umdüsterter Seele nach dem Lichte gerungen, ehe er das Götterbild der reinen Schönheit heimbrachte; seinem edlen Sinne war es nicht gleichgültig daß König Thoas so reden sollte als ob kein Strumpfwirker im Thüringer Wald hungere. Er hatte neben der Lust auch die Leiden eines gesteigerten Phantasielebens dahinzunehmen, und wer gleich ihm eine melodische Stimme für das innerste Fühlen und Denken einer Welt werden sollte, dessen Herz mußte so zart besaitet seyn, daß gar vieles was die andern unberührt läßt, ihn gleich der Aeolsharfe durchzitterte und erschütterte. Wer seinen Faust das Wort sagen ließ: „der Menschheit ganzer Jammer faßt mich an," der mußte selber erfahren haben was das heißt; ja der mußte die himmlischen Mächte kennen der den Harfenspieler singen ließ:

> Wer nie sein Brod mit Thränen aß,
> Wer nie die kummervollen Nächte
> Auf seinem Bette weinend saß,
> Der kennt euch nicht, ihr himmlischen Mächte.

Oder klingt jene Stelle im Tasso anders als selbstempfunden?

> Wohl ist sie schön die Welt! In ihrer Weite
> Bewegt sich so viel Gutes hin und her.
> Ach daß es immer nur um einen Schritt
> Von uns sich zu entfernen scheint,
> Und unsre bange Sehnsucht durch das Leben
> Auch Schritt vor Schritt bis nach dem Grabe lockt!
> So selten ist es daß die Menschen finden
> Was ihnen doch bestimmt gewesen schien,
> So selten daß sie das erhalten was
> Auch einmal die beglückte Hand ergriff!

> Es reißt sich los was erst sich uns ergab,
> Wir lassen los was wir begierig faßten;
> Es gibt ein Glück, allein wir kennen's nicht,
> Wir kennen's wohl und wissen's nicht zu schätzen!

Der Dichter war ein Siebziger geworden als er in der Kunst den Balsam für die Wunden der Seele suchte und der Marienbader Elegie das Motto aus seinem Tasso gab:

> Und wenn der Mensch in seiner Qual verstummt,
> Gab mir ein Gott zu sagen was ich leide.

Arbeit und Entsagung! so lautet auch bei ihm das Wort der Wanderjahre auf Erden. Er hat es sich nach eigenem Bekenntniß sauer werden lassen sein Leben lang, und nur dadurch gelang es ihm die Pyramide seines Daseyns und Wirkens so breit und hoch zu bauen, ohne Hast und ohne Rast, weil er in ununterbrochener Thätigkeit allein sein Glück fand, weil er Denken und Thun für die Summe aller Weisheit hielt, und zu lernen stets jung genug blieb; nichts kam ihm so elend vor als der behagliche Mensch ohne Arbeit. Und da schmähen sie ihn daß er sich fern zu halten suchte was ihn in der ruhigen Geistesklarheit stören konnte, die dem vielbewegten Gemüthe nöthig war, wenn er als Künstler schaffen sollte, daß er seine erhabene Existenz abgrenzte gegen die tausend Anforderungen des Unverstandes! Goethe wäre ein Egoist gewesen? Ja in dem Sinne daß er sein Ich, den gottgewollten Kern seiner Persönlichkeit, mit originaler Kraft entfaltete und die eigene Bahn ging, aber wahrlich nicht in kleinlicher Selbstsucht; auf dem Neidpfad hat ihn niemand betroffen. Den Freunden war er treu, und wie er für sie alle in der Nähe und Ferne gesorgt, dafür bringt jedes neue Dokument, das aus dem weiten Kreise seiner Umgebung veröffentlicht wird, auch neues Zeugniß. Er selber hat seine Forderung erfüllt: Edel sey der Mensch, hülfreich und gut! Und da machen sie ihm einen Vorwurf daraus daß er Minister gewesen, statt Gott zu bitten daß recht oft ein Minister so viel für die Förderung und Befreiung des deutschen Geistes thun möge; sie ärgern sich daß er Excellenz geheißen, statt zu wünschen daß doch recht bald wieder eine Excellenz so excelliren möge wie Er! Denn um es kurz zu sagen: Er ist unser größter und deutschester Dichter. Werther und Götz, Hermann und Dorothea, Faust und Iphigenie und seine Lieder brauche ich doch nur zu nennen um allgemeiner Zustimmung sicher zu seyn, daß deutsches Gemüth und deutsche Geistestiefe nirgends inniger und reicher ausgesprochen, das Erbtheil des Hellenenthums nirgends verständnißvoller angeeignet, das Volksthümliche nirgends so treu bewahrt und so künstlerisch durchgebildet und verklärt ist als von Goethe. Zu Homer und zu Shakspere ist er der Dritte im Bund. Wenn Homer als der Mund seines Volks und seiner Zeit die weltoffene Entfaltung eines jugendlichen Heroenthums voll ungebrochener Gediegenheit, einig mit sich selbst und mit den Göttern, episch dargestellt, wenn Shakspere den Streit in des Menschen Brust und des Menschen in der Welt, die Gegensätze des Daseins in aller Härte und in allem Glanz, und in ihrer Auflösung den Triumph der Idee dramatisch uns vorgeführt, so hat Goethe die Geheimnisse des Herzens und die Tiefen der Seele in ihrer Innerlichkeit, die Befreiung des Geistes in seinen Wehen und Wonnen lyrisch mit vollendeter Meisterschaft offenbart, als er dem bildlosen Gefühl und der gewaltigen Leidenschaft des Nordens die formenbestimmte Klarheit des Südens und das schöne Maß des

Alterthums verband, als er in dem Reiche des Gedankens und Gemüths das Besitzthum des Deutschen ergriff und in dessen Harmonisirung seine eigenthümliche That erkannte.

Goethe trat wie ein wiedergeborner Volkssänger unter uns auf; alle Zauber des Volksliedes standen ihm zu Gebot, und das Ahnungsvolle desselben ward zugleich lichte freudige Erfüllung durch die vollendende Kunst. Er erklärte mit Klopstock daß das den Dichter mache, ein volles, ganz von einer Empfindung volles Herz; aber der Geist schwebte über den brandenden Wogen der Gefühle, ordnete sie zu melodischer Folge, und indem die eigene Lust der befreiten harmonischen Seele aus dem Bild ihrer Empfindungen wiederstrahlte, gewann es den herzgewinnenden Glanz der Anmuth. Auch Bürgers Gesang hatte die ergreifende Stärke des ächten Brusttons, aber er war weniger die Darstellung als die Geburt der Leidenschaft; die Schwermuth, der Unwille war auch die Muse des Dichters, und so fehlte ihm das Ebenmaß und die Weihe der Kunst. Schiller erkannte dieß und verlangte darum daß der Dichter nicht unter der gegenwärtigen Herrschaft der Empfindung, sondern erst aus der sanfteren fernenden Erinnerung dichten solle; dadurch aber kommt der Herzschlag des Gefühls und die musikalische Stimmung der Seele zu wenig zu ihrem Recht. Goethe erklomm die höhere Mitte zwischen beiden Genossen. Er stand in und über seinen Gefühlen; er erzählt es selbst daß mit seinen ersten Liedern die Richtung begann, von der er sein Lebenlang nicht abweichen mochte, das was ihn freute oder quälte in ein Gedicht zu verwandeln und darüber mit sich abzuschließen.

Er dichtete was er erlebte; dadurch empfing seine Darstellung ihre Naturwahrheit, und frei von Phrase und Künstelei war sie, dem Gegenstande gemäß, bald der unmittelbar sanfte Hauch, bald der vollschwellend brausende Erguß des bewegten Gemüths. Er empfand seine innere Erregung als Freude oder Qual; das bürgte ihm dafür daß sie auch andere zu rühren fähig war. Aber mitten im Wellenschlag der Gefühle stand die Freiheit seines Geistes als der Entschluß zur Befreiung fest, und er vollzog diese, indem er seine Empfindungen darstellend sich gegenständlich machte, sie dadurch aus sich heraus versetzte, und ihnen gegenüber, während sie noch in seinen Nerven bebten, die Ruhe der Anschauung in seinem Selbstbewußtseyn gewann. Als Lyriker war er der ganz subjektive Dichter, der die Welt nur nach ihrer Resonanz im Herzen schildert; aber er war ein so großer Künstler und sein Auge war so klar, daß er die inneren Phantasiebilder ganz und rein von sich ablöste und in voller Selbständigkeit hinstellte, daß er ihnen nicht bloß seine Seele einhauchte, sondern ihnen auch plastische Bestimmtheit gab. Er geht vom Einzelnen aus, aber um es zur allgemeinen Weihe zu berufen, er weiß das Besondere so zu gestalten daß seine ewige Bedeutung aufleuchtet, daß wenn seine Mignon von Italien, der Heimath ihrer Kindheit singt, darin die Paradiesessehnsucht der Menschheit wiedertönt, daß jedes Herz die eigene Liebe wiederfindet, wenn seine Stimme freudvoll und leidvoll erklingt, daß sein Lied an den Mond auch uns die Seele löst und wir mit ihm genießen

    Was von Menschen nicht gewußt
    Oder nicht bedacht
    Durch das Labyrinth der Brust
    Wandelt in der Nacht.

Er ist gleich groß ob er im Hymnenschwunge des selbstbe=
wußten Geistes die Götterworte zur Lösung der verworrensten
Lebensräthsel verkündigt, oder ob er die gepreßte Seele nur in
einzelnen äußeren Zügen ahnen läßt, im Strauß den er ge=
pflückt und an's Herz gedrückt, oder im Becher der dem König
von Thule das Symbol aller genossenen Lust, der Träger
aller schmerzlich süßen Erinnerung geworden ist, den er nur
mit dem Leben lassen kann. Er verschwebt nirgends in bloß
musikalischer Unbestimmtheit, aber die Bilder die aus seiner
Stimmung hervortauchen, veranschaulichen dieselbe auf eine
ihr ganz entsprechende Weise. Es kommt nirgends zu bloß
äußerlicher Beschreibung, vielmehr wird die innere Seele der
Dinge, die Melodie des Gegenstandes entfaltet, mag nun in
den Römischen Elegien der gegenwärtige Lebensgenuß sich
wie grünender Epheu um die Trümmer der Vorwelt ranken
und die ewige Stadt mit ihrem sonnigen Tag und ihrer lieber=
durchklungenen Sternennacht, mit ihren Götterbildern und
mit der Erinnerung an die großen Menschen des Alterthums
der Hintergrund für die Liebesfreude des Dichters sein, oder
mag er den Wanderer in die Abenddämmerung des vater=
ländischen Waldes geleiten und das Lied des Friedens anheben:

    Ueber allen Gipfeln
    Ist Ruh;
    In allen Wipfeln
    Spürest du
    Kaum einen Hauch.
    Die Vögelein schweigen im Walde;
    Warte nur, balde
    Ruhest du auch.

So wird das Gleichniß von der Poesie und dem Weine
auf keine Dichtung passender anzuwenden seyn als es Vilmar

in Bezug auf Goethes Lieder ausgeführt hat. „Die Gährung hat sich abgeklärt zu dem goldenen duftenden Wein, dem man seine Heimath, sein Gewächs, seinen Jahrgang, seine Erde und Traube noch nachschmeckt, der aber von allem diesen nur die feinsten lieblichsten Arome behalten und sie in die köstlichste Weinblume vergeistigt zusammengefaßt hat; das Gefühl der Leidenschaft und der Herzensunruhe ist noch vorhanden, aber nur das leise Beben derselben zittert noch, in die reinste Harmonie verschmolzen, durch die Töne des Gedichts sie begleitend hindurch; Unruhe und Leidenschaft haben keinen Theil an dem Gesange, dürfen nicht mit ihren schneidenden Lauten eingreifen in die melodischen Klänge, welche wie selige Geister leicht und heiter dahinschweben über dem Aufruhr, der Plage und Pein dieses Lebens." Wie blumenumgaukelnde Schmetterlinge so frei, zart und leicht schweben diese Lieder dahin, und dennoch sind sie des tiefsinnigsten Gehaltes voll, und, wie jeder mit ihnen Vertraute immer mehr erlebt, menschengeschickbezwingend; schlank und rein wie aus dem Nichts gesprungen, aber die Siegeslaute eines kämpfenden Geistes, der die Noth der Erde überwunden; stets prunklos und schlicht, in buntester Formenfülle, wie der Inhalt es will, doch dem Genius der Muttersprache immer getreu, ja seine wohllautendste Offenbarung.

Wie die dreifach verschlungene Lyra am Wappen des Vaterhauses zu Frankfurt es weissagend angedeutet, sollte Goethe in den drei Weisen der Poesie groß werden; aber auch im Epos und Drama ist er vorwiegend subjektiv und lyrisch. Seine Werke sind alle die aufbewahrten Freuden und Schmerzen des eigenen Lebens, überall ist er Seelenmaler, überall kommt es ihm auf die Entfaltung des Gemüthes an; die Zustände des Herzens interessiren ihn mehr als die Begebenheiten der Welt, der Kampf der Helden ist bei ihm nicht nach außen gerichtet, sondern im Innern werden die Schlachten geschlagen, wird der Friede gewonnen. So nennt er auch seine eigene Lebensbeschreibung eine Ergänzung zu den Bekenntnissen die er seinem Volk in seinen andern Werken gemacht, so leiht er seinen Empfindungen und Stimmungen nur die geschichtlichen Namen. Es ist die eigene naturschwärmerische Sentimentalität die er im Werther, die eigene Empfänglichkeit für alle Bildungsströme der Zeit die er im Wilhelm Meister veranschaulicht; es ist der eigene originale Lebensdrang, die alle Höhen und Tiefen umspannen wollende Genialität der eigenen Natur, der schmerzenreiche Kampf des eigenen Geistes um die höchste Wahrheit und Freiheit was er im Faust geschildert. Hier haben wir den aktiven, dort den passiven Pol seines Wesens, und so ist seine eigene ganze Persönlichkeit größer als seine Helden, sie sind nur die einzelnen Seiten derselben; er selbst ist neben dem dichterischen Tasso der weltmännische Antonio, neben dem gemüthsweichen Clavigo der verstandesscharfe Carlos; er steht damit auch hier zugleich in und über seinem Werk, er kann jede besondere Gestalt in ihrem Recht darstellen und doch über ihre Mängel oder ihr einseitiges Uebermaß das Gericht herbeiführen, indem er in sich selbst die streitenden Kräfte ausgleicht und sich als lebendiges Ganzes behauptet. Es war das Princip der Subjektivität das voll Sturm und Drang in der Empfindungsfülle des Herzens und in der Starkgeisterei des auf sich selbst gestellten Gedankens zu Goethes Jugendzeit die Welt bewegte; aber während von den Genossen der eine die ungebändigte Kraft vertobte, der andere sein Leben und Dichten haltlos zerrinnen sah, der dritte von dem ungezügelten Reigen der Phantasiebilder in die Nacht des Wahnsinns hineingezogen ward, fand Goethe Maß und Klarheit für sein Wesen und Wollen, weil er sich so ernst um sittliche Selbstbeherrschung bemühte, und so gelang es ihm das zu erfüllen was die ganze Zeit verlangte und anstrebte, die schöne Subjektivität in der Persönlichkeit wie in der Poesie zur Darstellung zu bringen. Aber dieses Gut wollte schwer errungen seyn. Sagt doch Goethe selbst in den Geheimnissen:

> Wenn einen Menschen die Natur erhoben,
> Ist es kein Wunder, wenn ihm viel gelingt;
> Man muß in ihm die Macht des Schöpfers loben,
> Die schwachen Thon zu solcher Ehre bringt;
> Doch wenn ein Mensch von allen Lebensproben
> Die sauerste besteht, sich selbst bezwingt,
> Dann kann man ihn mit Freuden andern zeigen,
> Dann sagen: Da ist Er, das ist sein eigen!
>
> Denn alle Kraft bringt vorwärts in die Weite
> Zu leben und zu wirken hier und dort;
> Dagegen engt und hemmt von jeder Seite
> Der Strom der Welt und reißt uns mit sich fort;
> Bei diesem innern Sturm und äußern Streite
> Vernimmt der Geist ein schwer verstandnes Wort:
> Von der Gewalt die alle Wesen bindet,
> Befreit der Mensch sich der sich überwindet.

So war auch das Goethes Ansicht daß alles verderblich sey was unseren Geist befreie ohne uns die Herrschaft über uns selbst zu geben, und so lautete auch sein künstlerisches Bekenntniß:

> Vergebens werden ungebundne Geister
> Nach der Vollendung reiner Höhe streben.
> Wer Großes will muß sich zusammenraffen,
> In der Beschränkung zeigt sich erst der Meister,
> Und das Gesetz nur kann die Freiheit geben.

Goethes Richtung war, wie frühe schon sein Freund Merk ihn erinnerte, dem Wirklichen eine poetische Gestalt zu geben, während andere Genossen ihre Einbildungen verwirklichen wollten und dadurch nur tolles Zeug hervorbrachten. Später konnte Schiller urtheilen daß die Natur in Goethe getreuer als in einem andern wirke, daß er unter den modernen Dichtern sich am wenigsten von der sinnlichen Wahrheit entferne, daß es ihm vor allen gelinge die Blume des Dichterischen von den Gegenständen, von der Gelegenheit rein und glücklich abzubrechen. Die Wahrheit war die Göttin durch die Goethe selbst sich zum Dichter weihen ließ, aus deren Mund er das Wort vernahm:

>Dem Glücklichen kann es an nichts gebrechen,
>Der dieß Geschenk mit heit'rer Seele nimmt,
>Aus Morgenduft gewebt und Sonnenklarheit
>Der Dichtung Schleier aus der Hand der Wahrheit.

>Und wenn es dir und deinen Freunden schwüle
>Am Mittag wird, so wirf ihn in die Luft;
>Sogleich umsäuselt Abendwindeskühle,
>Umhaucht euch Blumen-Würzgeruch und Duft;
>Es schweigt das Wehen banger Erdgefühle,
>Zum Wollenbette wandelt sich die Gruft;
>Besänftiget wird jede Lebenswelle,
>Der Tag wird lieblich und die Nacht wird helle.

Ein weltliches Evangelium nannte er darnach die Kunst, die uns durch ihre Heiterkeit von der Last des Irdischen zu befreien wisse. Darum fühlen wir uns so heimisch bei ihm, es ergreift auch uns, wir wissen nicht wie, ein himmlisches Behagen, während wir bei ihm zu Gaste sind; das Aechzen und Krächzen wird abgethan, wir lernen

> Uns vom Halben zu entwöhnen
> Und im Ganzen, Guten, Schönen
> Resolut zu leben.

Ja, „gedenke zu leben!" ist die trostreich holde Mahnung, die der Dichter statt des düstern Memento mori uns gibt, wie auch Spinoza sagt daß die Betrachtung des Weisen nicht die des Todes, sondern des Lebens sey.

Nach seiner Subjektivität war Goethe mehr der Darsteller des individuellen als des geschichtlichen Lebens. Während Schiller dem Kampf um die großen Zwecke der Völker, um die Fragen der Jahrhunderte seine Stimme lieh, vertiefte sich Goethe in das Geschick und die Seelenzustände einzelner Persönlichkeiten. Der große Hintergrund der Reformation wird in Götz kaum berührt, die französische Revolution erschreckte den Dichter durch ihre Gewaltsamkeit, und wo er sie erfaßte da blieb er kleinlich an Aeußerlichkeiten haften, wie im Bürgergeneral, oder kam vor symbolischer Allgemeinheit zu keiner lebendigen Färbung, wie in der natürlichen Tochter. Männliche Charaktere, die im Wirken nach außen als handelnde Naturen sich bethätigen, hat er kaum geschaffen, aber als der Dichter der Gemüthsidealität durch eine reiche Fülle meisterhaft ausgeführter weiblicher Gestalten die Palme errungen. Die Frauen schienen ihm das einzige Gefäß das den Neueren geblieben sey um eine Idealität hinein zu gießen, und wie er einzelne Seiten seiner Natur durch seine Männergestalten in streitendem Contrast darstellte, sprach er die reine Idee der Menschheit in den Frauen aus; in ihnen erscheint der Kern seines eigenen Wesens, die Höhe und der Frieden seiner Weltanschauung, der sittliche Adel seiner Poesie.

Das Ideal der Weiblichkeit bildet sich mit ihm selber aus; in der Jugendzeit der Naturkraft ist es die naive Kindlichkeit des Herzens, die ihrer selbst unbewußte Holdseligkeit, in den späteren Dichtungen ist es die geistige Hoheit, die Anmuth der Bildung, der selbsterrungene Glanz einer sittlichen Schönheit. Sollen wir den ganzen Reigen Goethe'scher Frauen und Jungfrauen heranführen? Wenigstens die hervorragenden wollen wir begrüßen. Die helle, klare Lotte, die den Gegensatz des gefühlschwärmerischen Werther, des praktisch verständigen Albert in sich versöhnt hat. Klärchen, das phantasiereiche Bürgermädchen, die in Egmont den volksthümlichen Helden liebt, gleich ihm das Leben leicht und heiter nimmt, im Genuß des Unbegreiflichen schwelgt daß dieser Mann ihr angehört; das Vaterland ist ihr in ihm verkörpert, an seine Rettung setzt sie ihr Alles und eilt voran ihn jenseits zu empfangen. Gretchen, deren Herzensgeschichte das Gegenbild für die Geistesgeschichte Fausts darstellt, wie eine Blume rein und hold, durch Liebe in Schuld verflochten, durch Buße geläutert, daß durch die Schauer des Wahnsinns und der Kerkernacht der ursprüngliche Adel der Seele hindurchscheint, und die rettungverheißende Stimme von oben ihr auch aus unserer Brust entgegen tönt. Elisabeth, die treue Hausfrau des Götz, treu bis in den Tod; wen Gott lieb hat dem gibt er solch ein Weib. Ihr gegenüber die Adelheid, die Zauberin voll Geist und Liebreiz, bei deren Schöpfung Gott und der Teufel um das Meisterstück gewettet, die aber durch ihr Ende beweist wie aller Glanz und alle Freiheit nur ein im Sumpf verlöschendes Irrlicht ist, wenn die Reinheit der Seele und die sittliche Würde fehlt. Oder gehen wir im Meister auch an Marianne und Aurelia vorüber, so fesselt uns doch die anmuthige Gauklerin Philine, die in kecker Weltlust und scherzendem Behagen stets der Gefahr entspringt zur Dirne zu werden, um endlich an der Hand des tollen Friedrich mit gutem Humor und großer Scheere den Mädchen Kleider zuzuschneiden; dann Mignon, das holde Kind mit dem Heimweh im Herzen, ein dunkles Verhängniß ahnend, das sie nicht aussprechen kann, wie eine wider Willen in diese Welt gebannte Psyche, die den Sehnsuchtslaut der Poesie durch das Wanderleben ihres Freundes ergießt, bis die Hülle sinkt und sie vor der Einkehr in die himmlische Heimath, der Verklärung sicher, singen kann : So laßt mich scheinen bis ich werde, zieht mir das weiße Kleid nicht aus! Endlich Natalie, die mit amazonenhafter Größe uns entgegen tritt und doch ein immer liebendes Herz im Busen trägt, die wie ein schwertgerüsteter Schutzgeist im Gemüthe des Geliebten lebt, bis sie ihm in der ebenmäßigen Bildung ihres edlen Wesens das erworbene Glück der schönen Menschlichkeit entgegen trägt. Sie geleitet uns zu Iphigenie, der priesterlichen Jungfrau, die durch den Adel ihrer Seele und die Klarheit ihres nie überwogenden Selbstbewußtseyns alle Schuld und allen Irsinn heilt, sich im Kampfe rein bewahrt und ihren Frieden segnend auf alle ausgießt. Neben dieser classischen Gestalt steht die romantische der Prinzessin Eleonore; ganz auf die Sitte gebaut, empfindungstief, durch Leiden früh zur Geduld gemahnt, schmückt sie das Heiligthum ihres Busens mit den himmlischen Idealbildern der Dinge, der Erkenntniß treu daß so viele Güter der Erde nur durch Entbehren unser eigen werden. Und entsagend verklärt sich auch Ottilie in den Wahlverwandtschaften, ein Kind der Natur, holdselig, der Uebermacht der süßesten Gefühle dahingegeben, aber aus dem Traum aufgeschreckt, willfährig der Idee ihres Wesens, der jungfräulichen Reinheit der Liebe, das Daseyn zum Opfer zu bringen. Endlich Dorothea, welche die sinnige Gemüthlichkeit mit entschlossenem Geist vereint, die Innigkeit ihrer Natur in hülfreicher Geschäftigkeit offenbart, und in der häuslichen Tugend den Stamm erkennen läßt auf dem alle weibliche Schönheit und Größe erblüht, wie sie selbst so tief als einfach sagt:

Dienen lerne bei Zeiten das Weib nach ihrer Bestimmung,
Denn durch Dienen allein gelangt sie endlich zum Herrschen,
Zu der verdienten Gewalt, die doch ihr im Hause gehöret.
Dienet die Schwester dem Bruder doch früh, sie dienet den Eltern,
Und ihr Leben ist immer ein ewiges Gehen und Kommen,
Oder ein Heben und Tragen, Bereiten und Schaffen für Andre.
Wohl ihr, wenn sie daran sich gewöhnt, daß kein Weg ihr zu sauer
Wird, und die Stunden der Nacht ihr sind wie die Stunden des Tages,
Daß ihr niemals die Arbeit zu klein und die Nadel zu fein dünkt,
Daß sie sich ganz vergißt und leben mag nur in Andern!
Denn als Mutter fürwahr bedarf sie der Tugenden alle,
Wenn der Säugling die Krankende weckt und Nahrung begehret
Von der Schwachen, und so zu Schmerzen Sorgen sich häufen.
Zwanzig Männer verbunden ertrügen nicht diese Beschwerde,
Und sie sollen auch nicht, doch sollen sie dankbar es einsehn.

Wie Raphael sagte daß er sich beim Malen seiner Madonnenbilder nach einer gewissen Idee richte, die er im Sinne trage, so äußerte auch Goethe daß seine Idee der Weiblichkeit nicht von den Erscheinungen der Wirklichkeit abstrahirt, sondern ihm angeboren sey. Aber wachgerufen in's Bewußtseyn mußte sie doch durch die Erfahrung werden, zumal er überall nur Selbsterlebtes wahrhaft dichterisch zu gestalten verstand, und so wollen auch wir uns nun seinem Leben zuwenden und sehen, wie seine Werke als Bekenntnisse seiner Persönlichkeit, als Spiegel seiner selbst und seiner Zeit hervortreten.

> Vom Vater hab' ich die Statur,
> Des Lebens ernstes Führen,
> Vom Mütterchen die Frohnatur,
> Die Lust zu fabuliren.

So sagt Goethe in einem scherzenden Gedicht, in ernster Prosa bemerkt er in dem biographischen Meisterwerk, in welchem er seine eigene Bildungsgeschichte im Zusammenhang mit der deutschen Culturentwicklung erzählt hat, daß wenn er alles erwähnen könnte was er andern verdankte, für ihn wenig übrig bliebe; und doch war er der Bannerträger seiner Zeit! Wir gehen kurz über das Allbekannte aus seiner Jugend hinweg, wie durch Mährchenerzählen, durch Puppenspiele seine Phantasie erwachte, wie die erste Liebe zu Gretchen ihn beglückte, wie er auf der Universität zu Leipzig und Straßburg juristischen und medicinischen Studien neben den schönen Wissenschaften oblag, wie Klopstock, Gellert, Lessing, Winkelmann und Shakspere auf ihn gewirkt, wie er aus seiner Erfahrung heraus die Laune der Verliebten und die Mitschuldigen noch im französisch nüchternen Style gedichtet, bis der Umgang mit Herder und das liebliche Idyll das er mit Friederike in Sesenheim erlebte und so trefflich darstellte, seine Eigenthümlichkeit frei machten und sie nun ihre Schwingen entfaltete. Im Verkehr mit Frommen und Weltkindern findet er ungetheilte Bewunderung, und in den Briefwechseln der Zeitgenossen erscheint er bei Allen als der Höhere und Größere. Als einen Feuergeist mit Adlerflügeln, ein Genie vom Wirbel bis zur Zehe begrüßt ihn Heinse, der Dichter der Sinnlichkeit; ein Genie dessen Grundzug Liebe sey, nennt ihn der schwärmerisch fromme Lavater, und der sinnige Jung-Stilling bedauert daß so wenige diesen trefflichen Menschen seinem Herzen nach kennen. Der Dichterphilosoph Jacobi hält es für unmöglich dem der Goethe nicht gesehen noch gehört habe, etwas Begreifliches über dieses außerordentliche Geschöpf Gottes zu sagen; es sey lächerlich von ihm zu begehren daß er anders denken und handeln solle als er thue. In zwei großen Werken hat er das Denkmal seiner Jugend für alle Zeit aufgestellt. Denn eine gesunde männliche Jugend erlebt beides, das Vollgefühl eigener Kraft, den Drang selbstherrlich das Leben zu gestalten, mit der Ueberlieferung zu brechen und sich und die Welt nach eigenem Sinne zu bilden, und dann wieder die traumselige Hingabe des Herzens an ein anderes, die schwärmerische Sentimentalität, die während der goldenen Tage der ersten Liebe in der Stille des Gemüths sich eine schönere Welt erbaut. Goethes studentische Waffenlust fand ihren Ausdruck im Göh, und wie dieser in einer herrenlosen Zeit sich selbst hilft, bis er mit dem Ruf nach Freiheit sein Leben verhaucht, so schüttelte der Dichter die herkömmlichen Regeln des französischen Dramas ab und gab nicht sowohl die einheitliche Entwicklung einer großen Handlung, als eine bunte Scenenreihe, indem er neben dem Helden auch sein Gegenbild in Weißlingen und Adelheid aufstellte, und schon seine Richtung einschlug im Drama wesentlich Charakterzeichner zu seyn. Dabei beschnitt er mit frühgereiftem Kunstsinn um des Ganzen willen die prächtigsten Auswüchse seines vollsaftigen Geistes im ersten Entwurf, und durch die Kernhaftigkeit der Menschen und der Sprache, durch den deutschen Sinn und Ton, durch den raschen Gang der Ereignisse wie des Dialogs eroberte das Werk die Herzen des Volks im Sturm, und übt es noch seine unwiderstehliche Gewalt.

Kunstvollendeter ist der Werther, da hier die Lyrik des Dichters sich in der so glücklich gegriffenen Briefform frei ergießen und das leidenschaftlich auflodernde, dann in sich verglühende Gemüth unmittelbar aussprechen konnte. Wir sehen hier den Kampf des Herzens mit der Welt und ihrer Prosa, wir sehen mit Begeisterung die Emancipation der Gefühle verfochten, für die Rousseau in Frankreich stritt und litt, und wir sehen zugleich den tragischen Untergang der Subjektivität, wenn sie nicht lernt sich zu beherrschen und mit der Wirklichkeit in's Gleichgewicht zu setzen. Eine dumpfe Schwüle, die bald das reinigende Gewitter der Revolution bedurfte, eine Unbefriedigung über die Gegenwart lag damals schwer auf der Jugend; sie gefiel sich in hinbrütender Melancholie, in Selbstmordgedanken. Goethe rettete sich aus dieser Trübung dadurch daß er sie darstellte, daß er seine eigenen Empfindungen und Erfahrungen, seine eigene Liebe zu der Braut eines Freundes mit dem Geschick des jungen Jerusalem verschmolz, und so den Typus für die ganze Zeitstimmung nach ihrem Recht wie nach ihrem selbstzerstörerischen Uebermaß fand. Der allmähliche Uebergang Werthers von der heitern homerischen Welt zu Ossians düstern Nebelgestalten, die sich steigernde Reizbarkeit seines Herzens gegenüber der mit sicherer Hand gezeichneten Realität der Dinge, das Gegenbild des Wahlheimer Knechtes, der nicht sich, sondern den Nebenbuhler erschlägt, die Natur, die bald die Seelenstimmung widerstrahlt, bald in die Handlung mit begleitenden Accorden eingreift, dieß alles zeigt mit der melodischen Sprache, die sich dem Reichthum der Anschauungen, der Wärme der Empfindungen wunderbar anschmiegt, eine unübertreffliche Meisterschaft. Bekanntlich hat Napoleon, als er auf dem Erfurter Fürstentage über den Dichter den Ausspruch that: „das ist ein Mann!" auch über den Werther sich mit ihm unterhalten und es getadelt daß neben der unglücklichen Liebe noch gekränkter Ehrgeiz als das Motiv für Werthers Selbstmord angewandt sey; aber Goethe hat nicht bloß den Liebhaber der Braut eines Andern, er hat in Werther den Idealismus des Gefühls schildern wollen, das überall sich von Unnatur, sinnlosen Regeln und Uebereinkömmlichkeiten beengt und zurückgestoßen sieht, und sich selbst an ihnen zerschellt, statt das Recht der Wirklichkeit zu erkennen, ihr Unrecht zu überwinden, das Bestehende humanisirend fortzubilden.

Ich schweige davon wie der Werther gezündet und gewirkt, wie theologisches Zelotenthum und nüchterne Aufklärerei gegen ihn gekämpft, die Jugend aber durch das Buch erst recht in den Zauberkreis hineingezogen ward, aus dem der Dichter durch die Darstellung sich gerettet, und berühre nur kurz Stella und Clavigo, die von der Leichtigkeit der poetischen Gestaltung zwar Zeugniß geben, leider aber, gleich Erwin und Elmire, Claudine von Villa Bella und andern dramatisirten Kleinigkeiten, es bedauern lassen, daß ihn so oft äußere Anlässe oder das Spiel seines reichen geistigen Vermögens sein eigenes Wort vergessen ließen: der innere Gehalt sey Anfang und Ende der Kunst; so ward an unbedeutende Stoffe eine Kraft verschwendet, deren Genialität im ewigen Juden, im Muhammed, wenn sie diese Plane ausgeführt, Seitenstücke zu dem Faust geschaffen hätte, an dem Goethe jetzt schon arbeitete. Dagegen wird man an den köstlichen Stücken in der volksthümlichen Weise des Hans Sachs, an Pater Brei, an Bahrdt, sich immer ergötzen und des gesunden Humors froh werden, der hier das Zufällige und Gelegenheitliche zum Typischen erhoben und gestempelt hat. Mitten in dieses übermüthige literarische Treiben fiel der Brautstand des Dichters mit Lili Schönemann in Offenbach, und schrieb er an seine Freundin Gräfin Auguste von Stolberg, daß unter all dem Nichts sich so viele Häute von seinem Herzen lösen, sein Blick in die Welt heiter, sein Umgang mit Menschen weiter und fester wird, und dabei sein Innerstes immer ewig allein der heiligen Liebe gewidmet bleibt, und durch den Geist der Reinheit, der sie selbst ist, endlich lauter wird wie gesponnen Gold.

So konnte er, noch nicht ein Dreißiger, es wagen dem Ruf nach Weimar zu folgen, und wie er die überschwellende Macht der Gefühle und die trotzige Selbstkraft der Jugend nur aus dem eigenen Herzen in seine Dichtungen übertragen hatte, so fand er auch die Genialität des Lebens in einem lecken frischen Wildfangshumor, und suchte er mit seinen Gesellen durch die Liebe zu Wein, Weib und Gesang zu beweisen daß sie keine Narren seyen, was zuweilen nöthig scheinen mochte. Der junge Herzog stimmte selbst in das tolle Treiben ein, das Getümmel von Festen, Jagden, Bällen, Ausflügen, Maskeraden, Theaterdarstellungen hatte Goethe poetisch zu würzen; sein Kopf war wie ein prasselndes Feuerwerk. Bedachtsam mahnte der alte Klopstock daß sie in einem leichtsinnig wüsten Treiben nicht zu Grunde gehen möchten, bedachtsam der scharfsichtige Merck daß Goethes dichterisches Vermögen nicht gleich Raketen und Schwärmern verpuffe, statt Werke zu schaffen, die als ewige Sterne am vaterländischen Himmel glänzen. „Ich heiße Legion!" ruft Goethe. Alle streitenden Kräfte sind in ihm rege. Er will sehen wie ihm die Weltrolle zu Gesicht steht. Auf Spaziergängen wird ihm ein Stück

Reich, ein Amt und Geschäft nach dem andern übertragen. Einmal eingeschifft auf der Woge der Zeit will er versuchen ob er entdecken und gewinnen, oder ob er scheitern, ob er mit aller Ladung sich in die Luft sprengen wird. Aber er selbst war der Erste der sich sammelte. Sobald er in's Ministerium eingetreten, rühmt Wieland den Geist der Mäßigung, der über diesen herrlichen Gottesmenschen gekommen sey; ja Goethe zog den Herzog auf einige Zeit aus den Weimarer Kreisen heraus; eine winterliche Schweizerreise war wie ein stärkendes kaltes Bad, und auf den Heimgekehrten läßt sich sein Dichterwort anwenden:

> Er steht männlich an dem Steuer;
> Mit dem Schiffe spielen Wind und Wellen,
> Wind und Wellen nicht mit seinem Herzen;
> Herrschend blickt er in die grimme Tiefe
> Und vertrauet scheiternd oder landend
> Seinen Göttern.

Es mag bemerkt werden daß man in Weimar die Fremden, die später der Stolz der Stadt geworden, anfangs mit ungünstigen Augen ansah. Als Goethe Herdern berufen wollte, sollte dieser schleunig sich durch irgend einen Professor von unbeanstandeter Rechtgläubigkeit ein Zeugniß ausstellen lassen, sonst würde es schwer halten ihn durchzusetzen, und auf eine förmliche Eingabe gegen Goethes Anstellung antwortete Karl August eigenhändig: "Einsichtsvolle wünschen mir Glück diesen Mann zu besitzen. Sein Kopf, sein Genie ist bekannt. Einen Mann von Genie an einem andern Orte gebrauchen als wo er selbst seine außerordentlichen Gaben gebrauchen kann, heißt ihn mißbrauchen. Was aber den Einwand betrifft daß durch den Eintritt viele verdiente Leute sich für zurückgesetzt erachten würden, so kenne ich erstens Niemand in meiner Dienerschaft, der meines Wissens auf dasselbe hoffte, und zweitens werde ich nie einen Platz welcher in so genauer Verbindung mit mir, mit dem Wohl und Wehe meiner gesammten Unterthanen steht, nach Anciennetät, ich werde ihn immer nur nach Vertrauen vergeben. Das Urtheil der Welt, welches vielleicht mißbilligt daß ich den Dr. Goethe in mein wichtigstes Collegium setze, ohne daß er zuvor Amtmann, Professor, Kammerrath oder Regierungsrath war, ändert gar nichts. Die Welt urtheilt nach Vorurtheilen, ich aber sorge und arbeite wie jeder andere, der seine Pflicht thun will, nicht um des Beifalls der Welt willen, sondern mich vor Gott und meinem eigenen Gewissen rechtfertigen zu können."

Je mehr wir im Einzelnen erfahren, desto mehr sehen wir daß Goethe auch in amtlicher Wirksamkeit viel Gutes gethan. Weil während der zehn Jahre seiner ersten Weimarer Zeit wenig von ihm gedruckt worden, hat man gemeint sie seyen für seine Poesie verloren gewesen, und vielfach hat man mit Niebuhr das Hofleben die Delila genannt, die diesem Simson die Locken abgeschnitten. Aber einmal hat doch der Spruch des Dichters seine Geltung:

> Sag' ich wie ich es denke, so scheint durchaus mir es bilde
> Nur das Leben den Mann, und wenig bedeuten die Worte.

In der Schule des Lebens gewann er den Stoff der Dichtungen, die in Italien dann die vollendende Kunstform finden sollten. Seit der Briefwechsel mit Frau von Stein erschienen ist, wissen wir nicht bloß daß er damals schon die Iphigenie, den Tasso, den Egmont, einen Theil von Wilhelm Meister entworfen und ausgearbeitet, wir wissen auch was er meinte als er an Lavater schrieb: „Mein Gott, dem ich immer treu geblieben, hat mich wohl gesegnet im Geheimen; mein Schicksal ist den Menschen ganz verborgen;" oder an seine Mutter: „Das Beste ist die tiefe Stille, in der ich gegen die Welt lebe, wachse und gewinne was sie mir mit Feuer und Schwert nicht nehmen können." Denn das seltene, selten ausgesprochene und noch weniger ausgesungene Glück durch die Anschauung eines harmonischen Gemüths und durch dessen liebevolle Aufnahme in das eigene Herz selbst Ruhe in der Bewegung, Frieden im Kampfe und eine sittliche Läuterung zu finden, ward ihm im Umgang mit Frau von Stein zu Theil, und er hatte früh und spät Stunden der Sammlung gleich Stunden des Gebets, welche die Liebe ihm gab, die ihn auch hier zum Dichter machte, ohne die er nur leeres Stroh zu dreschen bekannte. „Es ist mir," schreibt er ihr einmal, „in deiner Liebe, als wenn ich nicht mehr in Zelten und Hütten wohnte, sondern ein wohlgegründet Haus zum Geschenk erhalten hätte, darin zu leben und zu sterben und all meine Besitzthümer zu bewahren. Wie eine süße Melodie uns in die Höhe hebt, unsern Schmerzen und Sorgen eine weiche Wolke unterbaut, so ist mir Dein Wesen und Deine Liebe." Und diese innere Erfahrung hat ja in der Iphigenie ihre Darstellung gefunden. Mir aber erscheint die sittliche Lebensführung des Dichters wiederum groß darin daß er dann auch rechtzeitig erkannte wie ihm für den Abschluß seiner langsam reifenden Werke eine völlige Künstlerruhe, für die rechte Klärung seines Geistes der lichte Himmel Italiens und der Verkehr mit den Bildwerken des Alterthums nothwendig sey. Wie ein Zug nach dem Süden das deutsche Gemüth von jeher bewegt hat, wie dem deutschen Geist ein Höchstes gelingt, wenn er das Griechen-

thum in sich wieder gebiert, das sollte Goethe nun an sich
selbst inne werden. Die Sehnsucht nach Italien war ihm
ein wahrer Schmerz geworden, hätte er ihr nicht genügt, er
wäre zu Grunde gegangen. Seine Abreise glich einer Flucht,
und als ein hellerer Tag mit Farben und Formen ihm den
fröhlichen Süden schmückte, brach er in den Ausruf aus:
nun könne man doch wieder einmal an einen Gott glauben!
Der Gedanke der Solidität, des strengen und ernsten Arbei-
tens für einen großen Zweck ging ihm auf in der ewigen
Stadt, er feierte in Rom einen neuen Geburtstag, sein Geist
ward zur Tüchtigkeit gestempelt, zu einem Ernst ohne Trocken-
heit, zu einem gesetzten Wesen mit Freude.

Wie Goethe in Italien sich selbst als Dichter wieder-
fand, so schilderte er im Tasso den Dichter, der auch im
Schiffbruch des Lebens an seinem Talent sich aufrichtet; wie
er sich selbst in der Anschauung des Alterthums läuterte, begann der antike Marmor unter seiner Hand durch die Wärme
seines Gefühls in der Iphigenie sich neu zu beleben. Natur
und Kunst sind jetzt in seiner Poesie auf's Innigste verschmolzen. Wie in sittlicher so entwickelt sich ihm auch in ästheti-
scher Beziehung das Wesen des Maßes, und der hohe Styl
der griechischen Meister in der Plastik wird auch der seine.
Denn der Bildhauer scheidet mehr als jeder andere Künstler
den fremden, gleichgültigen Stoff, das unnöthige Beiwerk
aus; er wirkt nur durch die Form, durch die Gestalt allein,
und solch eine klare Geschlossenheit, solch eine gediegene Durch-
sichtigkeit fand jetzt Goethe für seine seelenvollen Dichtungen.
Einem Plastiker gleich umschreibt er nun, wie Gervinus so
bezeichnend sagt, die Gestalten seiner Gedichte gleichsam mit
körperlichen Linien, so daß wir uns unter ihnen wie in einem

Bilderſaal bewegen. Hatte er doch auch vor einem Raphaeliſchen Gemälde das förmliche Gelübde gethan, daß ſeine Iphigenie kein Wort ſagen ſolle das jene Heilige in ihrer ſtrengen Jungfräulichkeit nicht auch ausſprechen könnte. Und ſo ward dieſes Drama zum Symbol der Vermählung des deutſchen und griechiſchen Geiſtes, indem Goethe zur antiken Mythe die chriſtliche Idee der Gnade, der Verſöhnung des Gemüths in der ſittlichen Geſinnung der Liebe heranbrachte. Das Wort der Götter ſpricht durch unſer Herz zu uns, das dunkle Schickſal iſt zur Vorſehung gelichtet. In rhythmiſchem Wohllaut tönt das Preis- und Ehrenlied der Weiblichkeit zugleich als ein Triumphgeſang der Wahrheit, der Wahrhaftigkeit. In Agamemnons Haus hat ſich Recht und Unrecht zu einem wirren Knäuel verſchlungen. Um der Politik willen, dem Heer günſtigen Fahrwind zu erlangen, hat der König die eigene Tochter zum Opferaltar geführt und dadurch in der Seele ſeines Weibes den Schmerz der Mutterliebe, die Rache geweckt; heimkehrend fällt er durch Klytämneſtras Hand. Oreſtes rächt den Vater und König, aber es iſt die eigene Mutter gegen die er das Schwert der Vergeltung zückt, und ſo ſteigen aus dem vergoſſenen Blut die Qualen des Gewiſſens auf. Heilung iſt ihm im Haine der Artemis in Taurien verheißen. Dorthin hat die Göttin Iphigenien entrückt; aber da ſoll ſie als Prieſterin die Ankömmlinge, den eigenen Bruder und ſeinen Freund Pylades opfern. Sie erkennen einander. Und ſoll nun nicht das Furchtbarſte geſchehen, ſo muß ſie, ſcheint es, mit dem Götterbilde, mit den Ihrigen fliehen, alſo den Thoas, der ſie gaſtlich aufgenommen, täuſchen und berauben, und das Gute, das Heil für die Ihrigen ſo erwerben daß ſie zugleich Schuld auf ſich ladet. So ſteht auch

sie im Conflikt, im Widerstreit der Pflichten, aber sie betet
zu den Göttern: „Rettet mich und rettet euer Bild in meiner
Seele!" Sie vertraut der Macht der Wahrheit und der
Menschlichkeit, sie gesteht den Anschlag an Thoas und bewegt
ihn durch die überzeugende Innigkeit ihrer edelklaren Rede,
daß er sie ziehen lasse. Orest bewährt zugleich seine Heilung,
das wiedergewonnene Licht des freien Selbstbewußtseyns durch
die wunderschöne Deutung des Orakels; er sagt zu Iphigenien
wie Apollon in Delphi gesprochen:

> „Bringst du die Schwester, die an Tauris Ufer
> Im Heiligthume wider Willen weilt,
> Nach Griechenland, so löset sich der Fluch."

Sie legten's von Apollons Schwester aus, vom Bild der
Artemis, er hatte aber die Schwester des Orest gemeint.
Dieser fährt fort:
> Die strengen Bande
> Sind nun gelöst; du bist den Deinen wieder,
> Du Heilige, geschenkt. Von dir berührt
> Ward ich geheilt .. und neu
> Genieß' ich nun durch dich das weite Licht
> Des Tages. Schön und herrlich zeigt sich mir
> Der Göttin Rath. Gleich einem heil'gen Bilde,
> Daran der Stadt unwandelbar Geschick
> Durch ein geheimes Götterwort gebannt ist,
> Nahm sie dich weg, die Schützerin des Hauses,
> Bewahrte dich in einer heil'gen Stille
> Zum Segen deines Bruders und der Deinen.
> Da alle Rettung auf der weiten Erde
> Verloren schien, gibst du uns alles wieder ...
> Gewalt und List, der Männer höchster Ruhm,
> Wird durch die Wahrheit dieser hohen Seele
> Beschämt, und reines kindliches Vertrauen
> Zu einem edlen Manne wird belohnt.

In gleich melodischer Weise enthüllt Tasso die Geheimnisse des Dichtergemüths; er ist die Tragödie der Phantasie, welche dem Dichter zwar die Welt verklärt, ihn aber auch einspinnt in ihre Träume, so daß er in den Bildern seiner Innenwelt und nicht in der Wirklichkeit lebt, und an deren rauhen Außenseite scheiternd wieder auf sich selbst, auf das künstlerische Gestalten des Ideals hingewiesen wird. Rahel bezeichnete Tasso als die vorzüglich zu beachtende Dichterthat Goethes, weil man hier erkennen lerne wie er alles andere habe machen können. Hier ist er recht eigentlich Seelenmaler, hier zeigt sich seine Kunst darin wie er einmal dem Leben und Dichten Tasso's eine große Menge von Zügen entlehnt, eben die welche das einseitige Walten der Phantasie bekunden, wie er damit aber die eigenen Erfahrungen sowohl in den Verhältnissen zu Weimar als in der Tiefe seines Gemüths verwebt und auf diese Art die reinen Typen des Dichters, des Weltmanns, des Fürsten auf ganz realer Grundlage schafft, oder die Ideale völlig mit Realität sättigt und dabei das Leben Tassos durch Vor- und Rückblicke in der Geschichte eines vorbildlichen Tages concentrirt. Ungenügend ist nur die Katastrophe weil Tasso durch die entgegenkommende Liebe der Prinzessin befugt ist das Recht des Genius gegen die Convenienz geltend zu machen. Sonst entwickeln sich das Schicksal, die Ereignisse aus den Charakteren, die Empfindung, das Erlebniß wird durch den betrachtenden Geist zum Gedanken, zur allgemeinen Lebenswahrheit ausgebildet. Und so spricht der Dichter auch den Begriff des Tragischen tiefsinnig aus:

Zu fürchten ist das Schöne, das Vortreffliche,
Wie eine Flamme, die so herrlich nützt,
So lang sie dir auf deinem Herde brennt,
So lang sie dir von einer Fackel leuchtet;
Wie hold! wer mag, wer kann sie da entbehren?
Doch greift sie ungehütet um sich her,
Wie elend kann sie machen!

Oder in einer andern Stelle:

Verbiete du dem Seidenwurm zu spinnen,
Wenn er sich schon dem Tode näher spinnt!
Das köstliche Geweb' entwickelt er
Aus seinem Innersten, und läßt nicht ab,
Bis er in seinen Sarg sich eingeschlossen.
O geb' ein güt'ger Gott auch uns dereinst
Das Schicksal des beneidenswerthen Wurms,
Im neuen Sonnenthal die Flügel rasch
Und freudig zu entfalten!

Auch im Egmont haben wir die Tragödie eines idealen Gemüths. Er ist der lebensfreudige jugendliche Held, der seiner guten Natur gemäß den Augenblick rückhaltslos genießt, und auch dann keine Runzeln des Nachdenkens auf der leuchtenden Stirne will, wenn der Ernst der Zeit furchtbar mahnend herantritt. "Scheint mir die Sonne heut um das zu überlegen was gestern war?" In diesen Worten liegt sein Sinn und sein Geschick. In der Arglosigkeit seiner Natur bleibt er als Oranien geht, und eröffnet die Falten seines Herzens vor Alba, der plötzlich mit festem Tritt sich in das heitere bewegliche Treiben hineinstellt und ein ehernes, unentrinnbares Netz über die Häupter der Niederländer auswirft. Herrlich ist der Gegensatz der Principien in seiner Unterredung mit Egmont dargelegt, nur daß sie nicht dramatisch ist, weil Albas Entschluß auch ohne sie feststand, statt daß er sich erst aus diesem Gespräch entscheiden sollte. Sehr fein hat Hillebrand bemerkt wie auch Egmonts Element die Phantasie ist, und darum vor seinem Tode ihr Licht noch einmal hell aufstrahlt, ihm die Freiheit in der Gestalt der Geliebten erscheinen und den Traum des Lebens von Freiheit und Liebe ihn noch einmal träumen läßt.

Ich habe in meiner Aesthetik*) von der Einheit der Stimmung im kunstvollendeten Drama gesprochen, von dem Grundton der das Ganze bis in jeden einzelnen Vers hinein durchklingt, und in jedem Werk ein anderer ist; der Tonreichthum und die Harmonie der Goethe'schen Dichtungen erhellt, wenn wir die drei eben betrachteten Werke in dieser Hinsicht vergleichen. Die Scene der Iphigenie ist der heilige Hain vor einem antiken Tempel, und eine priesterliche Feierlichkeit, eine plastische Formklarheit waltet durch das ganze Stück. Dagegen führt uns der Egmont auf den Markt der Niederländer mit seinem Volkstreiben und in das stille Bürgerhaus; wir haben eine malerische Fülle genrehafter Gestalten mit dem perspektivischen Hintergrunde des Umschwungs der Zeit vor uns. Im Tasso aber wandeln wir in einem italienischen Garten mit seinen Lorbeeren und Cypressen, seinem Orangenduft und südlich warmen Himmel, und der Glanz der Romantik ist leuchtend über das Ganze ausgebreitet. Idee, Charaktere, Handlung, Zeit und Ort, eines stimmt zum andern, folgt aus dem andern, und so gewinnen wir in aller Fülle einen eigenthümlichen Totaleindruck.

Goethe brachte diese Dichtungen seinem Volk als Geschenk aus Italien mit. Aber es hatte anderes von ihm erwartet, wildgeniale, leidenschaftliche Werke, wie der Götz und Werther gewesen; er hatte in Rom sich selbst gefunden, stand aber

---

*) Aesthetik II, 600 ꝛc.

heimgekehrt den andern nun unverstanden gegenüber. Schillers Räuber und Heinses Arbinghello beherrschten das Publikum, Werke mit deren roher Naturkraft und kühner Sinnlichkeit er es nicht mehr aufnehmen konnte noch wollte, die der idealen Ruhe und durchgebildeten Schönheit seiner neuesten Schöpfungen widersprachen, ja das von ihm Angestrebte in Frage stellten. War er in sich gerundeter und fertiger geworden, so schloß er sich nun auch mehr in sich und für sich ab, hielt alles Störende fern und lebte seinen Erinnerungen, Studien und Ideen. Der Zauber, mit dem Frau von Stein früher beschwichtigend und mildernd auf ihn gewirkt, hatte durch das Ende der Gährung und der Lehrjahre sein Ziel gefunden, Goethe war ihm entwachsen. Seine Zurückgezogenheit auf sich selbst ward aber vermehrt als er Christiane Vulpius, ein naiv freundliches Mädchen, in sein Haus nahm und eine Gewissensehe mit ihr führte. Ihr gilt das Lied:

> Ich ging im Walde
> So für mich hin,
> Und nichts zu suchen
> Das war mein Sinn.
>
> Im Schatten sah ich
> Ein Blümchen stehn,
> Wie Sterne leuchtend,
> Wie Aeuglein schön.
>
> Ich wollt' es brechen,
> Da sagt' es fein:
> Soll ich zum Welken
> Gebrochen sein?
>
> Ich grub's mit allen
> Den Würzlein aus,
> Zum Garten trug ich's
> Am hübschen Haus.

> Und pflanzt es wieder
> Am stillen Ort;
> Nun zweigt es immer
> Und blüht so fort.

Er fühlte sich vergnüglich und versorgt daheim, er sang seine Römischen Elegieen, aber es gelang ihm nicht, die Genossin seines Lagers zur Genossin seines Geistes und seiner Bildung zu erheben. Er suchte der Geringschätzung, die sie in Weimar erfuhr und wobei allerdings auch Eifersucht und Mißgunst im Spiele waren, zu trotzen; aber Niemand mag ungestraft die Sitte verletzen; auch Schiller hat "die elenden häuslichen Verhältnisse" des Freundes beklagt. Und als Goethe sich hatte 1806 trauen lassen, begegnete ihm bald darauf Minna Herzlieb, die er in jenen Sonetten feierte welche Bettina von Arnim auf sich deutete, und wenn wir weiter erfahren, daß sie die Grundlage für das Bild Ottiliens in den Wahlverwandtschaften war, so verstehen wir wie ihm auch nun wieder Schmerz und Entsagung bevorstand, wie er denn selbst bemerkt: Niemand verkenne in dem genannten Roman eine tiefleidenschaftliche Wunde, die im Heilen sich zu schließen scheuet, ein Herz das zu genesen fürchtet.

So vergingen die ersten sechs Jahre nach seiner Rückkehr aus Italien ohne größere poetische Schöpfungen, indem auch noch die furchtbare Wendung der französischen Revolution den Dichter erschütterte; mehrere Reisen, die Theilnahme am Feldzuge in der Champagne, naturwissenschaftliche Arbeiten schienen ihn der Poesie ganz zu entziehen. Da kam ihm ein neuer Geistesfrühling im Bunde mit Schiller, gerade als dieser seinen Bildungsgang durch Philosophie und Geschichte durchgemacht hatte und sich wieder zur Dichtung wandte.

Ein günstiger Stern leuchtete der Stunde, wo ihre Wege sich zusammenfanden, wo der realistische und der idealistische Dichter sich zum vollen Menschenthum ergänzten und ihr Streben und Wirken fortan als ein gemeinsames betrachteten. Ihr Briefwechsel, ein Buch wie keine andere Literatur ein ähnliches besitzt, gibt Zeugniß wie sie durch Rath und That einander gefördert; er eröffnet uns den Einblick in ihr Schaffen, er zeigt uns dabei eine Blüthe der Humanität in selbstbewußt sittlicher Gesinnung und Lebensführung, die unserer Nation zur Ehre gereicht und zum erstenmal das Beispiel liefert daß geistige Pole, wie Gottfried von Straßburg und Wolfram von Eschenbach, Voltaire und Rousseau, Wieland und Klopstock, sich nicht abstoßen, sondern anziehen, in einander eingehen und sich verbinden sollen.

Jetzt flogen die Schwärmer der Xenien hinaus und beide Dichter übten ein literarisches Faustrecht, indem sie gemeinsam von der Höhe des Parnasses Besitz ergriffen und der anmaßlichen Mittelmäßigkeit den Krieg erklärten; sogleich aber dachten sie an positive Leistungen, und es erschienen im Wetteifer die Balladen, die Goethe'schen meist lyrische Stimmungsbilder in Form der Erzählung, dem Volkslied nahestehende Naturlaute in süßester Kunstvollendung; die Schiller'schen dramatisch bewegt, in anschaulicher Schilderung den Kampf und Sieg der Idee verherrlichend. Auch hier bewährt sich wie Goethe ein Priester der Natur war, Schiller das Evangelium der Freiheit predigte. Dann schuf Schiller den Wallenstein, dem jedes Jahr bis an seinen frühen Tod eine große Tragödie folgte; Goethe vollendete den Wilhelm Meister und dichtete Hermann und Dorothea.

Hatte Werther den Kampf des Herzens mit der Welt geschildert, so führen Wilhelm Meisters Lehrjahre durch die Schule des Lebens zur Versöhnung des Realen und Idealen, so zeigen sie die Verschmelzung von Natur und Cultur in der humanen Bildung, welche der Persönlichkeit ihre Freiheit gibt, die Unterschiede der Stände ausgleicht, und zu einer menschenwürdigen Gestaltung der Gesellschaft führt. Der Roman spiegelt das eigene bildsam allempfängliche Wesen des Dichters, der auch in holdem Irren des hohen Zieles einer einklangvollen Entwicklung aller Gemüthskräfte gewiß ist, sollte er sie auch erlangen wie Saul, welcher auszog nach den Eselinnen seines Vaters und ein Königreich fand. Darum bemerkt Schiller richtig das Ganze habe eine schöne Zweckmäßigkeit ohne daß der Held einen Zweck hätte. Wie leicht und einfach beginnt das Werk um uns in immer weitere Kreise zu führen, immer tiefere Fragen aufzuwerfen und darstellend zu lösen! Von den Brettern die die Welt bedeuten, gelangen wir auf die Bühne der Welt selbst, Oekonomie und Handel, Kunst und Lebensweisheit finden alle die anschaulichste Verkörperung und das rechte Wort. Die Einheit des Ganzen ist nicht straff angezogen, die Composition vielmehr locker und lose; man fühlt es wohl daß der Dichter mit dem Werke gewachsen, daß er während der Ausarbeitung neue Standpunkte erreicht hat; dafür ist aber die Fülle des Mannigfaltigen wunderbar, neben der lachenden Weltlust stehen die wehevollsten Geheimnisse, aber die Farben stimmen in sanftverfließenden Tönen, in leisen Uebergängen zusammen, und der heitere Humor des Dichters, der über allem schwebt, verleiht jedem sein Maß und seine Melodie, alle Erdenschwere ist aufgelöst, und wir freuen uns des schönen Scheines einer Erscheinungswelt, die als das freie und harmonische Spiel seelenhafter Kräfte sich entfaltet.

Goethe hat vollbracht, was er vom Dichter fordert; seine Worte, welche die ästhetische Weltanschauung selbst graciös aussprechen, lauten also: "Sieh die Menschen an, wie sie nach Glück und Vergnügen rennen! Ihre Wünsche, ihre Mühe, ihr Geld jagen rastlos, und wonach? Nach dem was der Dichter von der Natur erhalten hat, nach dem Genuß der Welt, nach dem Mitgefühl seiner selbst in andern, nach einem harmonischen Zusammenseyn mit vielen oft unvereinbaren Dingen. Was beunruhigt die Menschen, als daß sie ihre Begriffe mit den Sachen nicht verbinden können, daß der Genuß sich ihnen unter den Händen wegstiehlt, daß das Gewünschte zu spät kommt, daß alles Erreichte und Erlangte auf ihr Herz nicht die Wirkung thut welche die Begierde uns in der Ferne ahnen läßt? Gleichsam wie einen Gott hat das Schicksal den Dichter über dieß alles hinübergesetzt. Er sieht das Gewirre der Leidenschaften, Familien und Reiche sich zwecklos bewegen, er sieht die unauflöslichen Räthsel der Mißverständnisse, denen oft nur ein einsylbiges Wort zur Entwicklung fehlt, unsäglich verderbliche Verwirrungen verursachen. Er fühlt das Traurige und das Freudige jedes Menschenschicksals mit. Wenn der Weltmensch in abzehrender Melancholie über großen Verlust seine Tage hinschleicht, oder in ausgelassener Freude seinem Schicksale entgegengeht, so schreitet die empfängliche, leichtbewegliche Seele des Dichters wie die wandelnde Sonne von Nacht zu Tag fort, und mit leisen Uebergängen stimmt seine Harfe zu Freude und Leid. Eingeboren auf dem Grunde seines Herzens wächst die schöne

Blume der Weisheit hervor, und wenn die andern wachend träumen und von ungeheuern Vorstellungen aus allen ihren Sinnen geängstiget werden, so lebt er den Traum seines Lebens als ein Wachender, und das Seltenste was geschieht, ist ihm zugleich Vergangenheit und Zukunft. Und so ist der Dichter zugleich Lehrer, Wahrsager, Freund der Götter und der Menschen. Der Held lauscht seinen Gesängen und der Ueberwinder der Welt huldigt einem Dichter, weil er fühlt daß ohne diesen sein ungeheures Dasehn nur wie ein Sturmwind vorüberfahren würde; der Liebende wünscht sein Verlangen und seinen Genuß so tausendfach und so harmonisch zu fühlen als ihn die beseelte Lippe zu schildern verstand."

Von Wilhelm Meisters Lehrjahren hat Hillebrand treffend bemerkt daß sie die Summe der Strebungen und Richtungen der menschlichen Gesellschaft während des achtzehnten Jahrhunderts in poetischen Ziffern darstellen, daß hier der Mensch lerne Mensch zu werden. Es war nicht zu viel behauptet, wenn Friedrich Schlegel in etwas paradoxer Form die Aeußerung that: Fichtes Wissenschaftslehre, die französische Revolution und Goethes Wilhelm Meister sehen die drei größten Tendenzen des Jahrhunderts; sind diese Tendenzen doch die Selbstherrlichkeit des denkenden Geistes, die staatsbürgerliche Freiheit, die harmonische Bildung der Persönlichkeit und der Gesellschaft.

In Hermann und Dorothea erwuchs die anmuthig idyllische Anlage, die ein Ereigniß, das sich zu Altmühl im Oettingischen mit auswandernden Salzburger Protestanten begeben, in die Gegenwart rücken und ähnlich wie Alexis und Dora in engem Rahmen darstellen sollte, — diese Anlage, sage ich, erwuchs zum Epos, zum herrlichsten Nachklang den die homerische Poesie jemals gewonnen hat, zu einer Perle aller Literatur. Schiller hat das Werk als den Gipfel der neueren Dichtung bezeichnet, Goethe hat es vor all seinen Schöpfungen geliebt und konnte es niemals ohne Rührung lesen, wie er schon beim ersten Vortrag im Schiller'schen Kreise in Thränen ausbrach und lächelnd sagte: „So schmilzt man bei seinen eigenen Kohlen." Die ächte Rührung ergreift uns wo wir inne werden daß das Schöne ein Glück ist, in welchem die Widersprüche des Lebens sich aufheben, die Gegensätze von Innen- und Außenwelt, von Sinn und Seele sich auflösen und in der Energie der Liebe, in der Harmonie des Seyns uns der gemeinsame göttliche Lebensgrund aller Dinge offenbar wird.*) In Hermann und Dorothea wird die kleine Begebenheit zum Spiegel der Weltgeschichte, wir erkennen den Umschwung der Zeit in einem Seelengemälde, die Wandlung der Welt im häuslichen Kreise. Deutscher Sinn und deutsche Sitte, der Geist der Dauer, der selbstbewußt am bestehenden Guten festhält und in der Familie seinen Träger hat, und der Geist der Bewegung, der dem Alten das Neue sicher verknüpft und die Menschheit fortbildet, sie sind hier so schlicht, edel und klar, mit solcher Innigkeit der Empfindung, in so stetigem Gange der Handlung dargestellt, daß W. v. Humboldt in einem eigenen Buch die Gesetze des Epos an Hermann und Dorothea entwickelt und dargethan hat wie durch Tiefe des Gehalts und Reichthum der Gedanken ersetzt werde was dem Gedicht im Vergleich mit Homer an äußerem Glanz und umfassender Größe des Stoffs abgehe. Alles ist wirklich und ideal zugleich; der Duft patriarchalischer Urzeit webt sich um

---

*) Siehe über den Begriff des Rührenden meine Aesthetik I, 132 f.

das gegenwärtige bürgerliche Leben. Die wichtigsten Fragen werden durch das ganze Gedicht hin angeregt und gelöst. Fortschrittsdrang und Zufriedenheit stehen neben einander; Bewegung ist das Gesetz der Welt, Dauer im Wechsel unsere Aufgabe. Das Heil liegt in dem gesunden und geraden Sinn, der jede Verwirrung und Unruhe zurückweist, am Rechte unerschütterlich festhält, aber jedem höheren und besseren Eindruck offen steht. So bewahren wir unsere Natur und bilden sie aus, und was außerhalb der Grenzen unserer Macht mit uns vorgeht, was das Schicksal uns bietet, das gibt uns neuen Stoff zum Handeln, die Ereignisse erhalten unsere Thätigkeit rege, und wer fest auf dem Sinne beharrt, der bildet die Welt sich; im Wechselwirken aller entfaltet sich die allgemeine Vollkommenheit.

Von diesem Gipfelpunkte neigte sich Goethes künstlerische Schöpferkraft allmählig abwärts. Hatte er in seiner Jugend von einem dunklen Drang aus darstellend nach Klarheit gerungen, so führte ihn die Reife des Alters zum Bewußtseyn der Idee in der Form des Gedankens, aber die Phantasie war nicht mehr mit jener Morgenfrische thätig, und die Gestalten wurden zu Symbolen allgemeiner Begriffe; ja es machte die Lust sich geltend in die Poesie allerhand hinein zu geheimnissen und sich an den Räthseln allegorischer Maskenspiele zu ergötzen. Hatte in der ersten Periode die Unmittelbarkeit der Natur und das Volksthümliche geherrscht, waren dann Natur und Kunst in ein herrliches Gleichgewicht edelster Bildung getreten, so war jetzt die bewußte Kunst das Vorwaltende, die sinnliche Saftfülle begann zu vertrocknen und der Styl ward dadurch bei fortschreitendem Alter mitunter zur Manier vornehmer Künstlichkeit. Der Dichter selbst war wissenschaftlicher Forschung zugethan, und sein Künstlergenius bethätigte sich jetzt vorzugsweise in der meisterhaften Darstellung seiner Anschauungen und Erkenntnisse aus dem Gebiete der Natur und der Geschichte.

Auf der Grenze der zweiten und dritten Periode steht die natürliche Tochter, stehen die Wahlverwandtschaften. Das vielgebrauchte Wort von jenem Drama: „marmorglatt und marmorkalt", möchte ich nicht unterschreiben; das Schmerzgefühl des Herzogs über den Verlust der Tochter, die Bedrängnisse dieser bei der bevorstehenden Auswanderung aus dem Vaterland sind höchst ergreifend geschildert; dabei werden Empfindungen und Gedanken in so klarer Plastik, in so maßvoll reiner Form ausgesprochen daß ein Denker wie Fichte das Werk für die reifste Frucht der neueren Kunst halten konnte. Aber wie nur Eugenie mit ihrem Namen auftritt, die andern Personen jedoch als Herzog, Hofmeisterin, Mönch, Gerichtsrath bezeichnet werden, so fehlt das Individuelle der Charaktere, so sind sie zu sehr nur ideale Typen von Lebenskreisen, Lebenslagen und Ständen, und das Werk muß auch deßhalb einen weniger befriedigenden Eindruck als Iphigenie und Tasso machen, weil es nicht fertig geworden, weil es kein abgeschlossenes Ganze, sondern nur der erste Theil einer Trilogie ist, weil es nur exponirt, nur die Anlage gibt, aus der die folgenden Dramen erst den Conflict und seine Lösung entbinden sollten.

Die Wahlverwandtschaften sind künstlerisch vollendeter; die Wärme des Gefühls durchglüht die Betrachtung, die besonnene Erwägung des gestaltenden Geistes, der ordnend über dem Stoffe waltet und in stetiger Motivirung, in feinster Entfaltung der Charaktere seine Meisterschaft beweist. Die

Idee der Ehe in ihrer unantastbaren Heiligkeit ist die Seele des Romans; sie offenbart sich tragisch in dem Gericht über die welche sich gegen sie vergangen haben. Die wahre Ehe soll auf der persönlichen Liebe beruhen, soll wahlverwandte Naturen unauflöslich an einander binden. Eduard und Charlotte aber die man in blühender Jugend sich gern als ein Paar dachte, haben an dem Wesen der Ehe gesündigt, als sie beide um äußerer Zwecke willen Convenienzheirathen schlossen, und dann wieder frei geworden sich nicht aus Herzensdrang, sondern in der Erinnerung an frühere Tage mit einander verbanden. Nun kommen ihnen die Persönlichkeiten entgegen durch welche sie erst in ihrem innersten Seyn harmonisch befriedigt werden, — aber nun zu spät. Das verstandesklare Paar, der Hauptmann und Charlotte, wird nicht so tief berührt und überwindet entsagend, das empfindungsvolle Paar aber, Eduard und Ottilie, genießt die Wonne des Liebezaubers, der es umstrickt, muß jedoch das irdische Dasein hingeben um geläutert bei einem seligen Erwachen in einer höheren Daseinssphäre sich anzugehören.

In wissenschaftlicher Hinsicht war Goethe durch seine ganze Art mehr auf die Natur, ihr still organisches Walten und Weben, ihre klar und scharf ausgeprägten Formen hingewiesen, als auf die Geschichte und die im Verborgenen wirkenden Kräfte ihrer Bewegung. Das Reich der Formen und der Farben zog den Künstler an; die Morphologie, die Gestaltungslehre, verdankt ihm viel, namentlich in der Metamorphose der Pflanzen warb er für die Botanik bedeutend, und wenn seine Farbenlehre in physikalischer Beziehung sowohl nach der Seite ihrer Polemik gegen Newton als nach der eigenen Theorie unzulänglich blieb, der physiologische Theil, die Erzeugung der Farben in unserem Sinn und ihre Wirkung auf das Gemüth, ist gelungen. Alexander von Humboldt bewundert im Kosmos das tiefe Gefühl für die Natur, das alle Werke Goethes durchdringt, in den Liedern wie in der Metamorphose der Gewächse, in den Leiden des jungen Werther wie in den Erinnerungen an Italien, und erklärt daß niemand seine Zeitgenossen beredter angeregt habe das Bündniß zu erneuern, welches im Jugendalter der Menschheit Philosophie, Physik und Dichtung mit einem Bande umschlang.

In der Geschichte der Farbenlehre gab Goethe ein bis jetzt unübertroffenes Muster wie etwas Specielles im Zusammenhang mit der allgemeinen Culturentwicklung dargestellt werden kann und soll; wir machen einen Gang durch die Weltgeschichte, indem wir die Farbentheorie in ihrem Werden kennen lernen. Die gleiche historische Meisterschaft zeigt Goethes Selbstbiographie. Er nannte sie „Wahrheit und Dichtung", nicht in dem Sinne daß er durch allerhand Erfindungen aus seinem Leben einen Roman machen wollte, sondern weil er wußte daß jeder doch das Erlebte und Vergangene in der Erinnerung sich zurechtlegt, deutet und umbildet, daß nur die Kunst des Dichters im Stande ist ein inneres Leben durchzuführen. Es sind allerdings im Einzelnen manche Irrthümer nachgewiesen worden, und Gödecke hat in seiner vortrefflichen Lebensbeschreibung Goethes aus andern zeitgenössischen Quellen die Berichtigungen gegeben, dabei aber selbst bemerkt: „Wer aus Dichtung und Wahrheit Goethes Lebensbeschreibung ausziehen wollte, würde sich nur allzuhäufig in unentwirrbare Verwicklungen verstricken und den Faden in der Hand reißen sehen; aber wer den strengen Faden nicht sucht, und aus der Durcharbeitung des von außen gebotenen

Materials, der gleichzeitigen Literatur, der Briefe, der Denkwürdigkeiten, der Biographien an Wahrheit und Dichtung herantritt, muß der alles überflügelnden Vollendung dieses lebendig gewordenen Lebens den Preis abtreten und mit Jacobi gestehen daß die Wahrheit dieser Dichtung oft wahrhafter ist als die Wahrheit selbst."

Die Goethesche Kunstbetrachtung war von Italien her besonders der Antike und den auf ihrem Studium fußenden neueren Strebungen zugekehrt; so fürchtete er es möchte das von Carstens Errungene in Composition und klarer Formengröße verloren gehen bei der neuen Hinwendung der jüngeren Maler zu mittelalterlichen Anfängen, und so kam er zu keiner rechten Freude an der Cornelianischen Epoche.

Sein Sinnen und Denken fand zwar nicht in demonstrativ entwickelten philosophischen Werken, wohl aber in einer Fülle von Maximen und Reflexionen seinen Ausdruck, deren hoher Werth immer mehr wird gewürdigt werden, je mehr man die Philosophie in dem Begreifen der Wirklichkeit nach ihrem Zusammenhang und Grund statt in dem Herausspinnen eines Systems aus einzelnen Sätzen und subjektiven Annahmen sieht. Solchen Gedanken gab er gern auch dichterische Form, und das Leben des Greises legte sich auf diese Art dar in den Weisheitssprüchen die er als zahme Xenien zusammenstellte. Mit sich selbst in's Reine zu kommen ist ihm die rechte Lebensaufgabe:

> Liegt dir Gestern klar und offen,
> Wirkst du Heute kräftig frei,
> Kannst auch auf ein Morgen hoffen,
> Das nicht minder glücklich sey.

Seiner fortschreitenden Bildung sicher sah er in der rastlosen
Entwicklung das Geheimniß ewiger Jugend, und konnte er
sagen:

> Die Feinde die bedrohen dich,
> Das mehret alle Tage sich,
> Wie dir nur gar nicht graut!
> Das alles läßt mich unbewegt.
> Sie zerren an der Schlangenhaut
> Die jüngst ich abgelegt.
> Und ist die nächste reif genung,
> Abstreif' ich die sogleich,
> Und wandle neubelebt und jung
> Im frischen Götterreich!

Wie die Lyrik der Grundton seines Dichtens war, so hielt sie
am längsten und reinsten aus; wie am frühesten so gelang
ihm auch hier noch am spätesten das Vollendete. Aus dem
Unbehagen der damaligen europäischen Verhältnisse wandte er
sich gern nach dem Orient, dort im reinsten Osten Patriarchen-
luft zu kosten, wo die Menschen noch empfingen Himmelslehr'
in Erdensprachen und sich nicht den Kopf zerbrachen. Er sieht
mit den persischen Dichtern in allen Dingen die Offenbarung
des Ewigeinen, und das verleiht ihm jene kummerlose Heiterkeit und Gemüthsruhe; eines endlichen Sieges des Guten gewiß sagt er gegenüber dem Widerwärtigen und Niederträch-
tigen: „Wirbelwind und trockner Koth, laß sie drehen und
stäuben!" Wunderholde Liebesklänge tönen dazwischen. Er
vergleicht sich der Kerze: sie leuchtet indem sie vergeht; er
preist die selige Sehnsucht des Lebendigen nach Flammentod,
nach Verklärung und geistiger Auferstehung:

> Und so lang du das nicht haſt,
> Dieſes: Stirb und werde!
> Biſt du nur ein trüber Gaſt
> Auf der dunklen Erde.

Ja er ſtimmt den eignen Himmelfahrtsgeſang an, indem er Einlaß begehrt bei der wachehaltenden Paradieſesjungfrau:

> Ich bin ein Menſch geweſen,
> Und das heißt ein Kämpfer ſein.
>
> Schärfe deine kräft'gen Blicke,
> Dann durchſpähe dieſe Bruſt,
> Sieh der Lebenswunden Tücke,
> Sieh der Liebeswunden Luſt.
>
> Und doch ſang ich gläubiger Weiſe
> Daß mir die Geliebte treu,
> Daß die Welt wie ſie auch kreiſe
> Liebevoll und dankbar ſei.
>
> Mit den Trefflichſten zuſammen
> Wirkt' ich bis ich mir erlangt
> Daß mein Nam' in Liebesflammen
> Von den ſchönſten Herzen prangt.
>
> Nein, du wähſſt nicht den Geringern,
> Gib die Hand, daß Tag für Tag
> Ich an deinen zarten Fingern
> Ewigkeiten zählen mag.

Endlich ſuchte der Dichter auch die beiden Werke abzuſchließen, die ihn durch ſein Leben begleitet hatten, den Meiſter und den Fauſt. Den Lehrjahren ſollten Wander= und Meiſterjahre folgen. Die Wanderjahre führen den Nebentitel: die Entſagenden, und wir müſſen uns allerdings auch in deren Bund aufnehmen laſſen, wenn wir den rein poetiſchen Genuß des früheren Romans erwarten. Eine Reihe von Novellen,

mitunter köstlicher Art, werden lose an einander gefügt, den
Faden bildet eine sinnige Betrachtung, welche Vergangenheit
und Zukunft des gesellschaftlichen Lebens umspannt. Wie im
zweiten Theile des Faust hat auch hier die Idee das Ueber-
gewicht über die Erscheinung, aber die Idee ist großartig und
herrlich. Im Faust haben wir kein geschlossenes Kunstganzes,
das von der Einheit der Stimmung getragen durch Gleich-
mäßigkeit der Behandlung und Ausführung befriedigt, vielmehr das poetische Tagebuch seines Lebens, in welches Goethe
niederlegte was er Süßestes gefühlt und Tiefstes gedacht, die
einschneidendste Schärfe des Negativen und den überwältigen-
den Ausbruch der Begeisterung; indem er in der deutschen
Mythe sein eigenes Wesen und Werden abspiegelt, gibt er
zugleich ein Bild des Menschenthums und Menschenlebens in
einer Allgemeingültigkeit, welche das Werk an die tiefsinnigsten Erzeugnisse des Dichtergeistes, an den Hiob der
Bibel und den Prometheus des Aeschylus, an den Parcival
Wolframs von Eschenbach, an Dantes göttliche Komödie und
Shakspere's Hamlet anreiht. Wie diese Werke entfaltet es
das Schicksal des Menschen im Zusammenhang mit seiner
Natur und seinen Thaten, wie diese rechtfertigt es die göttliche Vorsehung, die sittliche Weltordnung, und führt aus
Nacht zum Licht, aus Zweifel und Kampf zu Frieden und
Klarheit, durch Schuld und Buße zur Versöhnung. Im ersten
Theil arbeitet der Dichter sich selbst zu reiner und heller Erkenntniß empor, im zweiten schwebt das Bewußtseyn der ge-
fundenen Wahrheit über den Gestalten; daher dort mehr un=
mittelbares Leben, Leidenschaft und Poesie der Empfindung,
während hier die Personen weniger individuell als symbolisch,

Repräsentanten von Begriffen, Richtungen, ja Weltaltern sind, und die Ruhe der Betrachtung sich ausspricht.

Alle Style der Goetheschen Darstellung sind im Faust vertreten, die volksthümliche Naturpoesie, die viele abgerissene Scenen wie dialogisirte Balladen erscheinen läßt, die vollendete Kunst in selbstbewußt gestaltender Meisterschaft, und dann das Alter, das durch superlative Beiwörter für die Energie der Gefühlsfrische einen mangelhaften Ersatz versucht, aber in der erleuchteten und erleuchtenden Weisheit seine eigene Würde und Größe hat. Die Idee welche der Dichter während sechzig Jahren mit sich herumgetragen und gestaltet hat, ist die Freiheit des Geistes, der mit der äußeren Autorität brechen und sich auf sich selbst stellen kann ohne aus der Liebe Gottes zu fallen, der Weisheit und Genuß vermählen und aus Irrthum und Schuld zur Versöhnung gelangen kann. Selbstbestimmung ist seine Gotteslehre. Damit er das Rechte mit eigenem Willen vollbringe und sich selbst sein Schicksal bereite, ist ihm die Möglichkeit des Bösen gegeben als Widerspruch und Lockung, die er überwinden soll. Aus der Einsamkeit der Studierstube tritt Faust in die Kreise des häuslichen Lebens, aus den Privatverhältnissen in die Sphäre des staatlichen Wirkens; nirgends läßt seine ideale Natur von ihrem hohen Ziele nach allseitiger Lebensvollendung sich abziehen, aber überall ist sie unbefriedigt geblieben, weil ihre Kraft Freiheit und Schrankenlosigkeit verwechselt und das Maß noch nicht gefunden hat. Dieß geschieht durch Fausts Vermählung mit Helena, dem Ideal der Schönheit, die uns das Symbol der Aufnahme des Alterthums in unser neueres Leben gibt; von da an verschmäht Faust das ziellose stürmische Streben, und findet Ruhe und Glück in einer zweckvollen Arbeit für das Wohl der Menschheit. Er erkennt:

> Das ist der Weisheit letzter Schluß:
> Nur der verdient die Freiheit und das Leben
> Der täglich sie erobern muß.

In dem Bewußtseyn für Mit- und Nachwelt Gutes gestiftet zu haben, auf freiem Grund mit freiem Volk zu stehen, befriedigt er sich und hat er sich von der Gewalt des verneinenden Geistes losgerungen, der sittlichen Weltordnung sich angeschlossen, so daß seine Aufnahme unter die Seligen, dem Prolog im Himmel entsprechend, das Siegel der göttlichen Gnade auf sein Leben drückt. Wie der Herr gesagt daß ein guter Mensch auch in dunklem Drange den rechten Weg finde, daß er ihn aus der Verworrenheit in die Klarheit führen wolle, so singen jetzt die Engelchöre:

> Gerettet ist das edle Glied
> Der Geisterwelt vom Bösen!
> Wer immer strebend sich bemüht
> Den können wir erlösen.
> Und hat an ihm die Liebe gar
> Von oben Theil genommen,
> Begegnet ihm die selige Schaar
> Mit herzlichem Willkommen.

An Wilhelm Meister und Faust knüpfen wir schließlich am füglichsten eine Betrachtung von Goethes politischer und religiöser Weltansicht. — Es ist aus dem Gesagten wohl schon klar geworden daß er stets die Sache der Freiheit und Ordnung, dieser beiden Principien der menschlichen Gesellschaft, zugleich vertrat, was allen denen Anstoß gab die entweder revolutionär oder reaktionär nur das Eine wollten.

Man hat ihm seine Theilnahmlosigkeit an den Befreiungskriegen vorgeworfen; hören wir seine eigene Aeußerung darüber: „Wie hätte ich die Waffen ergreifen können ohne Haß? wie hassen können ohne Jugend? Wär' ich ein Zwanziger gewesen, ich wäre sicherlich nicht der Letzte geblieben, allein ich war bereits über die ersten Sechzig hinaus. Kriegslieder schreiben und im Zimmer sitzen, das wäre meine Art gewesen! Aus dem Bivouak heraus, wo man Nachts die Pferde der feindlichen Vorposten wiehern hört, da hätte ich mir's gefallen lassen. Doch das war damals nicht meine Sache. Aber in dem was die Natur mir zum Tagewerk bestimmt, habe ich mir keine Ruhe gegönnt, habe ich gethan was ich konnte. Ich habe oft einen bitteren Schmerz empfunden bei dem Gedanken an das deutsche Volk, das so achtbar im Einzelnen und so miserabel im Ganzen ist; in Wissenschaft und Kunst habe ich die Schwinge gefunden mich darüber hinweg zu heben; aber der Trost, den sie gewähren ist doch nur ein leidiger Trost und ersetzt nicht das Bewußtsein einem großen und starken Volk anzugehören. Doch ist unsere Bestimmung noch nicht erfüllt und ich halte ihn fest den Glauben an Deutschlands Zukunft."

Nach einem Besuche bei Goethe im Jahr 1817 schreibt Varnhagen: „Er sieht nur früh und schnell die Dinge so wie die meisten erst spät sie sehen. Er hat Vieles schon durchgearbeitet und beseitigt womit wir uns plagen. Goethe kein deutscher Patriot? Ein ächter und wahrhafter wie es jemals einen gegeben hat! In seiner Brust war alle Freiheit Germaniens früh versammelt und wurde hier zu unser aller nie genug anerkanntem Frommen das Muster, das Beispiel, der Stamm unserer Bildung. In dem Schatten dieses Baumes wandeln wir alle. Fester und tiefer drangen nie Wurzeln in unsern vaterländischen Boden, mächtiger und emsiger sogen nie Adern an seinem markigen Innern." Wir können im Bilde bleiben und Heinrich Heine weiter reden lassen: „Die Altgläubigen, die Orthodoxen freilich ärgerten sich daß in dem Stamm des großen Baumes keine Nische mit einem Heiligenbildchen befindlich war, und hätten gern mit geweihter Axt die alte Zaubereiche gefällt; die Neugläubigen, die Liberalen ärgerten sich im Gegentheil daß man diesen Baum nicht zu einer Barrikade benutzen, noch auf seinen Wipfel eine rothe Mütze stecken konnte. Die Verständigen aber verehrten ihn, weil er so selbstständig herrlich war, weil er so lieblich die ganze Welt mit seinem Wohlduft erfüllte, weil seine Zweige so prachtvoll bis in den Himmel ragten, daß es aussah als wären die Sterne nur die Früchte des großen Wunderbaumes."

Wie tief Goethe, mehr um das Wesen und den Inhalt als um Formen und Formeln bekümmert, gerade die sociale Frage, die Frage nach Freiheit, Wohlstand und Bildung der Menschen, im Herzen gehegt und wie er sie darstellend zu lösen getrachtet, daran hat Rahel vielfach gemahnt, das hat Varnhagen „im Sinne der Wanderer" an die Wanderjahre anknüpfend, verständnißvoll erörtert, darauf haben Karl Grün und Alexander Jung in eigenen Büchern mit allem Nachdruck hingewiesen. In den Lehrjahren schon ist der alten Barbara der Schmerzensruf der Armen und Verwahrlosten in den Mund gelegt, und wird es schon beklagt daß uns so vieles Mögliche dennoch versagt bleibe, daß jeder Neugeborene in eine Welt trete die schon in Besitz genommen sey, die ihn durch Anhäufung todter Stoffe und übereinkömmlicher Schranken hemme. Aber nicht durch Gewaltsamkeit und Schrecken der

Revolution, sondern durch Einsicht, Wohlwollen und Bildung sollen die befriedigenden Formen des Lebens gewonnen werden. Das Dauernde wie das Bewegliche wird gleichermaßen geschätzt; die Veredlung und Erhebung des Bestehenden, die Reinigung und Harmonisirung der Welt, das Fortschreiten in organischer Entwicklung ist des Dichters Grundsatz, und sein Ziel: im Irdischen jedem einen richtigen Antheil am Besitz und Genuß der vorhandenen Güter zu gewähren, im Geistes- und Gemüthsleben aber bei so vielem Unmöglichen, welches versagt bleiben muß, das versagte Mögliche aus den zerbrechbaren Fesseln zu befreien. So sehen wir denn wie im Faust der Segen der Arbeit gefeiert wird, wie in den Wanderjahren Ackerbau und Gewerbe hervorgehoben werden und zu der harmonischen Ausbildung der Persönlichkeit nun auch die Ausübung eines naturgemäßen Berufs hinzu kommt, der die eigenthümliche Gabe eines jeden im Dienste und zum Wohle des Ganzen wirken läßt. Beruf und Fähigkeit bestimmen und adeln jede Verrichtung; die Erziehung entwickelt die Anlagen, das Leben läßt sie sich bethätigen jede nach ihrer Weise; jede Arbeit hat ihre Ehre, Handwerk und Kunst rücken nach einander heran; in richtigen Ehebündnissen lösen sich die Standesunterschiede durch die Liebe und schwindet das Mißverhältniß der Frauen, deren Erscheinen sogar zum freien priesterlichen Segenswirken gesteigert wird; eine neue Würdigung der Dinge und Thätigkeiten, ein neuer Sinn des Schönen und Guten eröffnen durch eine große, wohlgeordnete Association, durch den freien Bund einander ergänzender Persönlichkeiten die reiche Aussicht einer in Arbeit und Bildung fortschreitenden Menschheit. — Wer das erwogen hat der wird verstehen warum Goethe vom nachwachsenden Geschlecht sich am liebsten als einen geistigen Befreier betrachtet wissen wollte, der wird verstehen wie der vertrauteste Kenner des deutschen Wesens in England, Carlyle, sagen kann: „Eine französische Revolution ist ein Ereigniß von Bedeutung, aber als Ergänzung und geistiger Exponent derselben ist ein Dichter Goethe und die deutsche Literatur für mich auch eines. Wenn das alte weltliche Leben in Feuer aufgegangen ist, haben wir nicht hier die Prophezeiung und die Morgenröthe einer neuen geistigen Welt, der Mutter viel edleren freieren neuen Lebens?"

In religiöser Beziehung muß ich zuerst daran erinnern daß ein Unterschied ist zwischen Religion und Theologie, zwischen Christenthum und Dogmatik. Die Religion ist Sache des Herzens, ist Wiedergeburt des Willens; wir nennen nicht denjenigen religiös der alle Concilienbeschlüsse auswendig weiß, sondern den der Gott im Herzen hat, Liebe übt und das Endliche und Zeitliche an das Ewige und Unendliche knüpft. Theologie und Dogma dagegen sind ein Werk des Verstandes, der Wissenschaft, sind übereinkömmliche Satzung früherer Jahrhunderte. Ihnen gegenüber bewahrt der kritische Geist sein Recht der Prüfung und erkennt als religiöse Wahrheit nur das wodurch unser Seelenheil wirklich bedingt ist, wovon jeder eine eigene innere Erfahrung haben kann. Ob zum Beispiel alles aus blinden Naturkräften hervorgeht und wieder von ihnen vernichtet wird, oder ob ein Wille der Liebe einsichtvoll alles schafft und lenkt, das ist entscheidend auch für unser sittliches Leben. Sittlichkeit ist mit logischer Folgerichtigkeit nur unter der zweiten Voraussetzung möglich, dann wenn der freie Geist das Princip und der Herr des Seins ist. Wäre alles Selbstbewußtsein nur ein Erzeugniß des Stoffwechsels, so wären wir der Herrschaft chemischer Kräfte und physikalischer Gesetze willenlos unterthan, Selbstbestimmung wäre unmöglich, Zurechnung unstatthaft. Ob aber Gott die Welt in sechs Tagen vor sechstausend Jahren geschaffen, oder ob vielmehr die Erde allein schon eine fortschreitende Entwicklung von Millionen Jahren zeige, das berührt unser Gewissen nicht und muß Gegenstand ungebundener Forschung sein. Auf der Grundlage der von Christus offenbarten und durch sein Leben und seinen Tod verwirklichten religiösen Wahrheit haben frühere Jahrhunderte nach Maßgabe ihrer Bildung theologische Systeme errichtet; es muß auch uns freistehen die Worte und Werke Christi in ihrer ursprünglichen Gestalt mit der Natur- und Geschichtserkenntniß unserer Zeit in Verbindung zu setzen und unsere Religionswissenschaft darnach zu bilden. Die aber die Geister an die Satzung und den Buchstaben früherer Jahrhunderte binden wollen statt mit dem lebendigen Geist Christi sie zu befreien und zu beleben, die haben es selbst verschuldet daß so viele der zeitlichen Erscheinungsweise des Christenthums entfremdet wurden, die doch seinen Kern im Gemüthe trugen. Das gilt auch von Goethe. Er sang:

> In unsres Busens Reine wogt ein Streben
> Sich einem Höhern, Reinen, Unbekannten
> Aus Dankbarkeit freiwillig hinzugeben,
> Enträthselnd sich den ewig Ungenannten;
> Wir heißens: fromm sein.

Und wer hat das Gefühl der Abhängigkeit des Endlichen vom Unendlichen, diese Grundlage aller Religion, empfindungstiefer ausgesprochen als Goethe?

> Wenn der uralte
> Heilige Vater
> Mit gelassener Hand
> Aus rollenden Wolken
> Segnende Blitze
> Ueber die Lande streut,
> Küss' ich den letzten
> Saum seines Kleides,
> Kindliche Schauer
> Treu in der Brust.

Und kann die Sehnsucht der Seele nach ihrem Urquell, ihr Liebesaufschwung zu Gott inniger und wärmer ausgesprochen werden als im Liede Ganymeds?

> Umfangend umfangen!
> Aufwärts an deinen Busen,
> Allliebender Vater!

Ist das Gedicht vom Gott und der Bajadere nicht nach den Worten des Heilandes gedichtet?

> Es freut sich die Gottheit der reuigen Sünder,
> Unsterbliche heben verlorene Kinder
> Mit feurigen Armen zum Himmel empor!

Sie wäre kein Christenthum jene Fürbitte Goethes für den Unglücklichen in der Harzreise im Winter?

> Ist auf deinem Psalter,
> Vater der Liebe, ein Ton
> Seinem Ohre vernehmlich,
> So erquicke sein Herz!
> Oeffne den umwölkten Blick
> Ueber die tausend Quellen
> Neben dem Dürstenden
> In der Wüste!

Goethe stand in der Erkenntniß des lebendigen Gottes, der in Natur und Geschichte sich offenbart, in dem wir weben und sind; darnach hat man ihn zum Pantheisten machen wollen, und gemeint daß die Welt sein Gott sey. Man vergaß daß er schon im Werther von der Seligkeit des Wesens geredet das alles in sich und durch sich hervorbringt, wogegen ihm jenes pantheistische Meer des Lebens, in welchem die Dinge wie Wellen zwecklos auf- und abwogen nach einem bewußtlosen lieblosen Gesetz, ein Gegenstand der Angst, ja des Grauens war, ein ewig verschlingendes ewig wiederkäuendes Ungeheuer. Freilich wollte er Gott und Welt nicht scheiden nach Art des dualistischen Deismus.

> Was wär' ein Gott der nur von außen stieße,
> Im Kreis das All am Finger laufen ließe?
> Ihm ziemt's die Welt im Innern zu bewegen,
> Natur in Sich, Sich in Natur zu hegen,
> Auf daß was in Ihm lebt und webt und ist
> Nie Seine Kraft, nie Seinen Geist vermißt.

Gott ist in allem gegenwärtig, aber er ist und bleibt zugleich über allem bei sich selbst, er ist der selbstbewußte Wille der Liebe.

> Wenn im Unendlichen dasselbe
> Sich wiederholend ewig fließt,
> Das tausendfältige Gewölbe
> Sich kräftig in einander schließt,
> Strömt Lebenslust aus allen Dingen,
> Dem kleinsten wie dem größten Stern,
> Und alles Drängen, alles Ringen
> Ist ewige Ruh in Gott dem Herrn.

Auch in unserem Geist erkannte Goethe ein Wesen von ganz unzerstörbarer Natur, ein fortwirkendes von Ewigkeit zu

Ewigkeit, der Sonne ähnlich, die bloß unsern irdischen Augen unterzugehen scheint, die aber eigentlich nie untergeht, sondern unaufhörlich fortleuchtet. Und als ihn die nun hochbetagte Freundin der Jugend, Auguste von Stolberg, brieflich anmahnte Blick und Herz dem Ewigen zuzuwenden und den zu suchen der sich so gern finden lasse, da dankte er von schwerer Krankheit genesend dem Allwaltenden, der ihm noch vergönnte das schöne Licht der Sonne zu schauen, und schrieb weiter: „Bleibt uns das Ewige jeden Augenblick gegenwärtig, so leiden wir nicht an der vergänglichen Zeit. Redlich habe ich es mein Lebenlang mit mir und andern gemeint und bei allem irdischen Treiben immer auf's Höchste hingeblickt; Sie und die Ihrigen haben es auch gethan. Wirken wir also immer fort, so lange es Tag für uns ist; für andere wird auch eine Sonne scheinen, sie werden sich an ihr hervorthun, und uns indessen ein helleres Licht erleuchten. Und so bleiben wir wegen der Zukunft unbekümmert! In unseres Vaters Reiche sind viele Provinzen, und da er uns hier zu Lande ein so fröhliches Ansiedeln bereitete, so wird drüben gewiß auch für beide gesorgt seyn; vielleicht gelingt uns alsdann was uns bis jetzo abging, uns angesichtlich kennen zu lernen und uns desto gründlicher zu lieben. Gedenken Sie mein in beruhigter Treue. Möge sich in den Armen des allliebenden Vaters alles wieder zusammenfinden!"

Und so schließen wir mit dem mystischen Chorgesang, der am Ende des Faust steht:

<blockquote>
Alles Vergängliche
Ist nur ein Gleichniß.
</blockquote>

Die irdischen zeitlichen Dinge sind nur die äußere Entfaltung und Gestaltung ewiger unsichtbarer Wesenheit; sie sind ein

Stückwerk, das seine Vollendung fordert und finden wird in einer höheren himmlischen Sphäre:

> Das Unzulängliche
> Hier wird's Ereigniß.

Da wird vollbracht seyn was wir jetzt nur ahnen, was uns jetzt noch nicht darstellbar ist, zu dem uns aber selber die ewige Liebe, die ursprüngliche Harmonie des Seins empor führt, wie sie in der Totalität des Gemüths sich offenbart:

> Das Unbeschreibliche,
> Hier ist es gethan.
> Das Ewigweibliche
> Zieht uns hinan.

Jean Paul Friedrich Richter.

M to U

Ein Jegliches wird durch sein Widerspiel offenbar, empfindlich und erkenntlich. Erst indem wir uns von der Welt unterscheiden, kommen wir zum Selbstbewußtsein, und gegenüber der Natur und ihrer Nothwendigkeit wird der Geist seiner Freiheit inne; oder vermöchte die Liebe eine Einigung der Herzen und Seelen zu sein, wenn diese nicht vorher getrennt wären? Aber wo der Gegensatz für sich besteht und wir in ihm beharren oder ihn nicht bewältigen können, da schmecken wir die Bitterkeit des Lebens. Sie drängt uns in den Kampf, auf daß wir überwinden und die Ehre des Siegs genießen; durch den Unterschied selbst und in ihm will die ursprüngliche Einheit zur vielstimmigen Harmonie werden. Erkennen wir die Wahrheit, dann bleibt uns Gott und Welt nicht fremd, sondern wir vernehmen die eigne Vernunft im Gesetz der Dinge; vollbringen wir das Gute, so drücken wir der Welt den Stempel unsres Willens auf und versöhnen ihn mit dem göttlichen Willen; erfassen wir das Schöne, so haben wir in der unmittelbaren Anschauung und im Gefühle selbst die beglückende Bewährung daß Gemüth und Welt zwar ihre eignen Wege gehen, aber doch sich zusammenfinden, daß im Sinnlichen das Uebersinnliche zur Erscheinung kommt und das

Unendliche im Endlichen aufleuchtet; darum wird im Schönen unser ganzes Wesen, Sinn und Seele, Herz und Geist, zugleich befriedigt und erhoben, denn in ihm ist das Ideale und Reale in eins gebildet, es ist das volle mangellose Sein, ein wiedergewonnenes Paradies und ein Himmel auf Erden. Aber wie oft geht der Glanz seiner Heiterkeit erst aus Trübung und Verwirrung uns auf! Dann ist es eine eigenthümliche Lust den Streit zu betrachten, der doch zum Frieden führt. Da überhebt sich die Größe und vermißt sich die Stärke und will der sittlichen Weltordnung Trotz bieten, die ja unverbrüchlich ist und endlich alles sich unterwirft; da ringen die Kräfte miteinander und zerschlagen sich aneinander, weil sie zum rechten Leben in einträchtigem Wetteifer sich ergänzen sollten. Wohl trauern wir dann über den Fall irdischer Macht und Herrlichkeit, aber wir erheben uns zugleich ehrfurchtsvoll zur Anschauung der göttlichen Gerechtigkeit, die das Reich ewiger Weisheit und Güte aufrecht erhält. Da kommen von allen Seiten die kleinen Widersprüche der Willkürlichkeiten und Zufälle, und wirren sich durch einander und verwirren uns mit. Aber ein gesetzlos tolles Spiel hat keinen Halt und die Thorheit eines unvernünftigen Treibens enthüllt und bestraft sich selbst, indem es sich zerstört; wir lachen seiner Nichtigkeit. Einen Augenblick wohl hielten wir den Athem an und fuhren verblüfft zurück; aber indem wir sahen wie das was uns angreifen, quälen oder ärgern wollte, sogleich sich selbst auflöste, da verschwand der falsche Schein, da athmeten wir um so rascher wieder auf und schüttelten den Druck einer ideenlosen Realität, der auf uns lasten wollte, stoßweise von uns ab und genießen das Wohlgefühl der Gesundheit innerhalb einer zweckmäßigen Welt, die ja besteht und der wir angehören.

So erscheinen denn das Tragische und das Komische als die beiden Gegenpole im Gebiete der werdenden, aus den Gegensätzen sich erst entbindenden Schönheit. Wie sich in der Tragödie aus dem Schmerz über den Untergang menschlicher Größe doch die Freude über den Sieg der Idee entwickelt, so verkehren sich in der Komödie die mannigfachen Verkehrtheiten unter einander und bekehren sich damit zum Vernünftigen und Rechten, und in ihrem Scherz enthüllt sich die ernste und gewichtige Wahrheit daß wir gegenüber den verderblichen Anschlägen von Thorheit und Schlechtigkeit am Ende mit Joseph sagen: Ihr gedachtet es böse zu machen, aber Gott hat es gut gemacht. Und wie Ernst aus Scherz, Wonne aus Wehmuth hervorgeht, so können sie auch in einander spielen, so kann das Rührende und das Lächerliche sich verweben, und der sprudelnde Gährungsproceß der widerstreitenden Elemente läßt uns zugleich die Pein der Gegensätze leiden, wenn wir der Lust ihrer Auflösung, der Ab- und Aufklärung des Ganzen uns hingeben. Solch eine Verquickung und Verschmelzung des Tragischen und des Komischen ist der Humor. Er weiß daß jedes Ding zwei Seiten hat und hebt beide zugleich hervor. Denn der Sarg ist die Wiege eines neuen Lebens und nur auf der grauen Wolkenwand erbaut sich der schimmernde Regenbogen; die Rose bricht aus Dornen hervor, und wer möcht' eine dornenlose? Es gibt eine schmerzlich frohe Stimmung der Seele, wenn sie sich zugleich in die Hemmungen und Bedingungen der Materie verflochten und verstrickt fühlt, und doch über das Endliche hinaus ihrer Geistesfreiheit inne wird und im Idealen und Göttlichen ihre Heimath hat; diese Stimmung, dieser Blick auf die Doppelwirklichkeit des Lebens eignet dem Humor. Er sieht die Widersprüche des Daseins und weiß durch die Combinationskraft des Witzes fortwährend neue zum Vorschein zu bringen; er ergötzt sich an den Verkehrtheiten und spottet der ganzen Welt, in die er lachend seine eigne Endlichkeit mit einbegreift, weil er seines unendlichen Lebensgrundes sicher ist; weil er in allem eine Offenbarung allwaltender Liebe ahnt und glaubt, nimmt er auch an dem Geringen und Unbedeutenden innigen Antheil und weiß seinen dem gewöhnlichen Auge verborgenen Werth ans Licht zu ziehn; er bewahrt die Verehrung für den Keim des Idealen und Rechten, der in den Verschrobenheiten der Menschen nur eine falsche Richtung genommen; im Kleinen erkennt er die Bedingungen der Größe, und hält die Güte der Natur auch in der Schwäche fest die ihr entspringt; den Blitz der Wahrheit läßt er aus allen schwülen Dunstwolken wetterleuchten. Er trägt den Frieden und das Gottvertrauen des eignen Gemüths in die Wirrnisse der Erscheinungen, und das Mitgefühl des Herzens klingt rührend aus dem Spott hervor, der ja nicht höhnisch den Kern verwüsten, sondern ihn von der trocknen Schale befreien, und das Kranke zur Erhebung über sich selbst und zur Genesung führen will. Kraft seiner Komik liebt der Humor das Seltsame, Absonderliche und Ungereimte, und die Außenseite der Dinge ist ihm um so willkommner je buntscheckiger sie sich darstellt; aber kraft des Ernstes und seiner Gemüthlichkeit bringt er mit dem Tiefblick der Liebe in das Innerste des Wesens ein, und hat seine Freude daran uns durch wunderliche barocke Formen irre zu machen und doch durch die Zweckmäßigkeit und Sinnigkeit des Gehalts überraschend zu befriedigen. Ist ihm die Erde „das Sackgäßchen in der großen Stadt Gottes", so deutet er das Stückwerk der verschobenen Gestalten zugleich als den Reflex

aus einer schöneren Welt, so daß sie nur für das gemeine
Auge verkehrt und ohne Ausgang dastehen, während sie im
Grunde göttlicher Herrlichkeit voll sind und sicher zum Ziel
kommen. Der Humor vergleicht sich einem Gaukler der auf
dem Kopfe tanzend den Nektar aufwärts trinkt, er vergleicht
sich dem Vogel Merops, der zwar dem Himmel den Schwanz
zukehrt und dadurch eine sehr lächerliche Figur macht, aber
doch so gen Himmel fliegt ohne die Erde aus dem Gesicht zu
verlieren.

Mit diesem Bilde hat unser größter Humorist, Jean Paul,
sich selber gezeichnet. Und ein andermal schrieb er die charak-
teristischen Worte: „Ich kannte stets nur drei Wege glücklicher — nicht glücklich — zu werden. Der erste, der in die
Höhe geht, ist: so weit über das Gewölke des Lebens hinaus-
zubringen daß man die ganze äußere Welt mit ihren Wolfsgruben, Beinhäusern und Gewitterableitern von weitem unter
seinen Füßen nur wie ein eingeschrumpftes Kindergärtchen
liegen sieht. Der zweite ist: gerade herabzufallen ins Gärt-
chen, und da sich so einheimisch in eine Furche einzunisten, daß
wenn man aus seinem warmen Lerchenneste heraussieht, man
ebenfalls keine Wolfsgruben, Beinhäuser und Stangen, sondern nur Aehren erblickt, deren jede für den Nestvogel ein
Baum und ein Sonnen- und Regenschirm ist. Der dritte
endlich, den ich für den schwersten und klügsten halte, ist der
mit den beiden andern zu wechseln." In diesem Wechsel, der
aber so rasch geschehen muß daß die beiden Gegensätze in
einander fließen, liegt eben der Humor. Gedanken und Gefühl schweben herüber und hinüber, Widersprüche entstehn und
vergehn, mannigfache Töne werden zugleich angeschlagen, und
verschiedene Farben schillern in einander, weil der Humor bei

allem Einzelnen stets das Ganze im Sinn hat und die ganze Welt wie einen Zaubergarten behandelt, in welchem alles aus allem werden kann und alle Dinge die Wellen des Meeres der einen Liebe sind.

Auf der Schwinge der Begeisterung für Gott, Freiheit und Tugend hebt Jean Paul sich hoch über die Wolken der Erde empor, wie der Paradiesvogel schläft er fliegend und verschlummert blind in seiner Höhe die unteren Erdstöße und Brandungen in seligem schönen Traum von seinem idealen Mutterland. Und dann ist er plötzlich wieder in unsrer Mitte, und lehrt uns wie Kinder daß große Freuden ein Zuckerbrot seien, dessen man bald überdrüssig wird, das nur für die Festtage gehört, während die kleinen Freuden gleich dem Hausbrote alle Tage laben und erquicken. Und er macht uns seine Dichtung zu einem Vergrößerungsglas für diese kleinen Freuden, der Wassertropfen wird zu einem lebenwimmelnden Meer, der Schmetterlingsstaub zum Pfauengefieder, der Schimmel zum Palmenwald und der Sand zum schimmernden Juwelenhaufen. Zugleich aber ist seine Dichtung ein satirischer Hohlspiegel, in welchem die Schwächen und Schrullen die wir alle haben, die Steckenpferde die wir alle reiten, die Narrheiten deren wir alle zu Zeiten uns hingeben, die Gebrechen und Schäden der Hohen und Niedern in den ergötzlichsten Verzerrungen zu Tage kommen; am Schattenspiel, das er an die Wand wirft, an dieser Komödie des Philisterthums, der Kleinstädterei und Kleinstaaterei, kann Niemand vorübergehen ohne zu lachen, und wer ein saures Gesicht dazu machen wollte der würde es plötzlich zur Lust der Andern recht lang und verzogen unter den Harlekinsmasken erblicken.

Doch mit der Größe des Dichters hängt hier seine Schwäche, sein Mangel zusammen; was er uns so oft vermissen läßt ist zwischen dem Flug im Aether und dem Stillsitzen im heimischen Neste der aufrechte Menschengang, zwischen dem Fernrohr das den Himmel mit seinen Sternen heranzieht und dem Mikroskop das uns Grashalm und Blume in ihr feinstes Geäder zerlegt, der gesunde Blick des einfachen Auges, dem die vielen kleinen Erdschollen als Gebirgszug und die vielen Gräser als Wiesenteppich, die vielen Wassertropfen als Fluß erscheinen, der in der Geschichte, in den Thaten der Helden und in den Geschicken der Völker den Kern der Menschennatur und das Walten der Vorsehung erkennt, und den rechten Standpunct hat, von welchem aus die dunklen Stellen des Gemäldes als die Schatten erscheinen, die im Ganzen dem Ganzen dienen müssen. Der volle Einklang des Innern und Aeußern, die Darstellung der Idee in einfach großen wesenhaften Zügen zu einzelnen typischen Gestalten, das Gleichgewicht von Geist und Materie in klarer Formbestimmtheit macht uns die Plastik vorzugsweise zur Kunst unter den Künsten, und ihr Vorwalten gab dem hellenischen Alterthum auch in der Poesie das classische Gepräge. Hier haben Goethe und Schiller das Geheimniß der Formvollendung gefunden. Aber unserm Dichter blieb das Vorbild fremd, durch das er freilich hätte ein Andrer werden müssen, das ihn veranlaßt hätte sein Hin- und Herfliegen zwischen den äußersten Enden der Dinge, die mannigfaltigen Arabeskenschnörkel des Beiwerks, das Schwelgen in Ahnungen, Träumen und unsagbaren Gefühlen zu mäßigen oder dem schlichten klaren Linienzug des Nothwendigen, der Anschaulichkeit der Handlung aufzuopfern. Zwar als er das Antikenkabinett zu Dresden besucht hatte, da meinte er wohl so oft er künftig über große Gegenstände schreibe, werden diese Götter vor ihn treten, und ihm das Gesetz der Schönheit geben. Sie aber verlangen den Dienst des ganzen Menschen, und er sah sie niemals wieder und blieb bei seiner Weise. Die Wirkung seiner Poesie ward darum vielmehr eine musikalische, und es kann von seiner Dichtung gelten was er von der Tonkunst sagt: „Bist du das Abendwehn aus diesem Leben oder die Morgenluft aus jenem? Ja deine Laute sind Echo welche Engel den Flötentönen der zweiten Welt abnehmen um in unser stummes Herz die Harmonie fern von uns fliegender Himmel zu senken; sie ziehen uns von melodischen Fluthen in Fluthen und sinken mit uns in die fernen Blumen ein, die ein Nebel aus Duft füllt, und im dunklen Dufte glimmt die Seele wieder an wie Abendroth, ehe sie selig untergeht... O ihr unbefleckten Töne, wie so heilig ist eure Freude und euer Schmerz! Denn ihr frohlockt und wehklagt nicht über irgend eine Begebenheit, sondern über das Leben und Sein, und eurer Thränen ist nur die Ewigkeit würdig, deren Tantalus der Mensch ist. Wie könntet ihr denn, ihr reinen, im Menschenbusen, den so lange die erdige Welt besetzte, euch eine heilige Stätte bereiten, oder sie reinigen vom irdischen Leben, wäret ihr nicht früher in uns als der treulose Schall des Lebens, und würde uns euer Himmel nicht angeboren vor der Erde?" — Jean Pauls Poesie ist ein Geistesheimweh nach diesem Himmel, der in dem unschuldigen Kindergemüth noch am ungetrübtesten schimmert; es ist als ob seine Seele mit Platon der Idealwelt sich erinnerte, wo sie selig gelebt ehe sie in die irdische Hülle sich herabsenkte, und nach der sie zurückverlangt, wenn ihr alle Blüthen unseres Daseins nur wie Versteinerungen eines Klima's erscheinen das nicht auf Erden ist. Diese Sehnsucht gibt ihm den Anflug zarter Melancholie, der so leicht die Herzen gewinnt, ja sie gibt ihm eine religiöse Weihe; aber in dieser Sehnsucht nach dem Ueberirdischen zerrinnen ihm nur zu oft die klaren festen Formen der Wirklichkeit und verflüchtigen sich in einen ätherischen Duft. Das Dämmerleben der Frühjugend mit ihrer Empfindungsfülle, ihren Zukunftshoffnungen, ihren hohen Entschlüssen, ihrem sittlichen Enthusiasmus ist sein liebstes Gebiet; den goldnen Morgenschein der Ideale, den Zauber der erwachenden Liebe, die Freudigkeit für alles Edle und Große möchte er bewahren und befestigen für alle Zeit; und mochte er sich selbst und sein Leben nicht ohne Selbstironie in der Idylle des Dorfschulmeisters abspiegeln, so beseelte ihn dabei doch eine wahrhaft apostolische Kraft die Menschen zum Dienst der Wahrheit, Freiheit, Tugend zu berufen, für die er begeisternd wirkte wie er selber begeistert war, und gar manchem hat er die Seele gerettet, oder ist er ein Führer gewesen der ihn rein bewahrte von den Befleckungen der Gemeinheit, von den Lockungen der Sinnenlust und von der Feigheit der Lüge. In einem Jugendwerk that der Dichter das Gelübde: "Großer Genius der Liebe, ich achte dein heiliges Herz, in welcher todten oder lebenden Sprache, mit welcher Zunge, mit der feurigen Engelszunge oder mit einer schwereren es auch spreche, und will dich nie verkennen, du magst wohnen im engen Alpenthal oder mitten im Glanze der Welt; und du magst den Menschen Frühlinge schenken oder hohe Irrthümer oder einen kleinen Wunsch, oder ihnen alles alles nehmen!" Er hat den Eid geschworen, sagt Ludwig Börne von ihm, und hat ihn gehalten bis in den Tod. Die Liebe war ihm eine heilige Flamme, und das Recht der Altar auf dem sie brannte, und nur reine Opfer brachte er ihr. Er war ein sittlicher Sänger. Und in diesem Sinne drückte ihn Herder an die Brust und legte seine Verehrung für Jean Paul in folgenden Worten nieder: Einen Schatz, den ich weder verdient noch erwartet habe, hat der Himmel mir in Richter geschenkt. Jedes neue Zusammensein mit ihm eröffnet mir eine neue größre Kiste voll von alle dem was die heiligen drei Könige brachten; in ihm wohnen sie alle drei und der Stern geht immer über seinem Haupte. Er ist ganz Herz und Geist, ein feinklingender Ton auf der Goldharfe der Menschheit.

Und das wollen wir festhalten, wenn wir anerkennen daß Jean Paul, indem er der Poesie den Inhalt des ganzen gegenwärtigen Lebens aneignen wollte, für seine Empfindungsfülle die classische Form nicht fand und in Widerspruch mit den Männern gerieth die eben im Bunde mit dem Griechenthum unsrer Poesie das reine Ebenmaß und die klare Formvollendung gewannen. Er ermangelt der Compositionsgabe, der Bau seiner Werke ist meist im Grundriß nicht minder dürftig als verwickelt, es fehlt die Uebersichtlichkeit und Symmetrie der Verhältnisse, der Gang der Handlung schleppt sich langsam hin oder verliert sich in neue Ansätze und Ausläufe. Nicht anders erscheint dann auch der Styl, der die Gedanken mosaikartig aus hundert Zettelkasten zusammensetzt, mit gesuchtem Witz das Entlegne verbinden will, und sich selber stets mit neuen Einfällen unterbricht, die den anfänglichen eingeschachtelt werden, so daß er dem Pfunde des Krämers gleicht, wo im Ganzen das Halbe, im Halben das Viertel, im Viertel das Achtel steckt; oder er ähnelt zopfiger Schrift, die den einfachen Buchstaben mit wunderlichen Schnörkeln umzieht, und wird in seiner seltsamen Bildlichkeit ganz buntscheckig.

Wie der Dichter die Widersprüche des Großen und Kleinen,
der Rührung und des Spottes durcheinandermischt um sie
durch den elektrischen Funken seines Geistes in Gährung zu
versetzen, so haben wir im Trank den er bietet gar oft mehr
den schäumenden Gischt als die perlende Klärung, die wer-
bende Schönheit des Humors bleibt zu sehr im Werben und
er bringt es häufig nur zu Bruchstücken; edles Gold, werthvoll an sich, liegt in Schlackenhaufen. Aber das Wesen der
Kunst verlangt daß das Spiel der Laune innerlich von fester
gesetzmäßiger Grundlage getragen sei, um die es dann seine
Ranken schlingen mag; auch der Humor darf nur scheinbar
formlos sein; ich erinnere an Shakspere und Cervantes, oder
an den Fries von Kaulbach, der die Weltgeschichte als eine
Kinderkomödie darstellt, und vom rhythmischen Wellenschlag
symmetrisch abgeschloßner Linien durchzogen wird. Für Jean
Paul indeß ist die Geschichte gewöhnlich nur das hölzerne
Lattengerüst, das er ziemlich unbekümmert um Haltung und
Maß aufschlägt, um dann die duftigen Blüthenkränze seiner
Gedanken und Empfindungen daran aufzuhängen und es da
und dort mit lieblichen Phantasiebildern auszuschmücken. Wie
er am liebsten das Widersprechende zusammenbringt, so ist in
der äußeren Form seiner doch so musikalischen Poesie gerade
das musikalische Element des Verses und Reimes nicht vorhanden, sondern allein das plastische, die Bildlichkeit der Rede,
so daß es bei ihm zur Kunstform gehört den Sinn durch das
Bild auszudrücken oder der Sache ein Gleichniß zu gesellen.
Seine Kühnheit in der metaphorischen Ausdrucksweise ist oft
vom Glücke gekrönt, oft aber bleiben die Anspielungen unver-
ständlich, die Darstellung wird räthselhaft und geschmacklos.
Er wäre der Bewunderung werth, wüßte er seinen Reich-

thum zu Rathe zu halten, war Goethes treffendes Wort über ihn.

Die Emancipation des Gefühls, der neue Muth der Menschheit sich ihrer Empfindungen nicht zu schämen, sondern sich ihnen hinzugeben und sie zu genießen, führte zu einer überströmenden und zerfließenden Empfindsamkeit. Es ist das Verdienst von Klopstock, Herder und Jean Paul daß sie dem Herzen sein Recht gaben, daß sie die Welt in das Gemüth aufnahmen und sie in seiner Gluth schmolzen oder mit seiner milden Wärme belebten, daß sie mit der Innigkeit der eignen Seele die innersten Zustände der Dinge mitzuerleben und zu erschließen wußten, dabei aber das eigne Herz und das des Volkes zum Hohen und Heiligen wandten, Gott und Menschenwohl, Tugend und Freiheit zum Inhalte der Empfindungen machten, sie reinigten, adelten, ihnen die religiöse Weihe gaben. Die hervorquellende Thräne darf uns dabei nicht irre machen, am wenigsten bei Jean Paul, weil er die Sentimentalität mit Scherz unterbricht, und unter Thränen zu lächeln ist ja die Art des Humors.

Wie Rousseau den Ruf der Rückkehr zur Natur erhoben und dem Sinn für Naturschönheit einen beredten Ausdruck verliehen, wie Goethe die Naturgemälde im Werther bald zum Wiederschein und bald zum begleitenden Accorde der Gemüthswelt gemacht und diese dadurch veranschaulicht, so hat die landschaftliche Stimmung in ihrem Zusammenklang mit der Seelenstimmung an Jean Paul einen meisterhaften Darsteller gefunden, allerdings mehr in den Farbentönen der Morgen- und Abendröthe oder des stillen Mondscheins denn in den Formen dieser oder jener Oertlichkeit; es ist nicht äußerliche Naturbeschreibung, sondern innerliche Naturempfindung was er uns bietet, und durch das Einzelne wirkt immer das Ganze, die Weltseele beseligend hindurch. Sein eignes Wort im Titan lautet: „Hohe Natur! wenn wir dich sehen und lieben, so lieben wir unsre Menschen wärmer, und wenn wir sie betrauern oder vergessen müssen, so bleibst du bei uns und ruhest vor dem nassen Auge wie ein grünendes abendrothes Gebirge. Ach vor der Seele vor welcher der Morgenthau der Ideale sich zum grauen kalten Landregen entfärbt hat — und vor dem Herzen dem auf den unterirdischen Gängen dieses Lebens die Menschen nur noch wie dürre gekrümmte Mumien auf Stäben in Katakomben begegnen — und vor dem Auge das verarmt und verlassen ist und das kein Mensch mehr erfreuen will — und vor dem stolzen Göttersohne den sein Unglaube und seine einsame menschenleere Brust an einen ewigen unverrückten Schmerz anschmieden — — vor allen diesen bleibst du, erquickende Natur, mit deinen Blumen und Gebirgen und Katarakten treu und tröstend stehen, und der blutende Göttersohn wirft stumm und kalt den Tropfen der Pein aus den Augen, damit sie hell und weit auf deinen Vulkanen und auf deinen Frühlingen und auf deinen Sonnen liegen!"

Wenn wir alle gern im Paradies der Kindheit weilen, aber die früheren Lebensjahre in der Regel doch nur als die Grundlage der Fortentwicklung ansehen, die das zur Blüthe und Reife bringt was die Knospe verhieß, so daß uns in aufsteigender Bahn das Entfaltete für das Höhere gilt, so hielt Jean Paul nicht nur den Erinnerungstraum des erwachenden Daseins immer fest, sondern es waren ihm auch die frühesten Tage die schönsten, und alles Folgende nur ein matter Nachklang jener so leisen, aber so reinen und hohen ersten Töne des erwachenden Lebensgefühls. Diese Zeit hatte für seine sinnige sehnende Seele den meisten Reiz, den Empfindungskreis der Frühjugend, der so vielen Menschen dunkel verläuft, hielt er fest und seine Dämmerung zog er darstellend an das klare Tageslicht. Ihm ist die Kindheit der Mai im Jahr, das Eden in der Wüste der Welt, der Vorgeschmack des Himmels. „O zu bald verfloßne Tage, ruft er, ach wie oft saugt der lechzende Geist in der dürren Oede des Lebens nur aus euch allein noch Nahrung! Euer Schatten wandelt noch um uns herum, wir ergötzen uns wenigstens noch an eurem Bild, und strecken sehnend die Arme nach dem fernen schönen Land!"

Der Kindheit des Einzelnen entsprechen die idyllischen Zustände der Menschheit wie sie vor oder außer den Conflicten der Cultur und den Kämpfen der Geschichte liegen. Jean Paul ist einer der größten Idylliker geworden, indem er sich in das Stillleben kindlich harmonischer Naturen versenkte, mit tiefster Empfindung das Alltägliche, unscheinbar Gewöhnliche durchdrang, und schildernd offenbarte welch einen unerschöpflichen Schatz von Glück das reine Herz auch in den beschränktesten Verhältnissen finden kann. Und das ist das Schöne daß er hier von dem heimlichen Lerchenneste aus doch gen Himmel schaut, daß sein Wuz, sein Fixlein und sein Fibel aus der Enge des Schulstübchens in das freie Reich des Geistes sich erheben und die Bücher sich selber schreiben die sie sich nicht kaufen können, wenn der Titel im Meßkatalog sie anzieht.

Dann aber ist es der erste ideale Aufschwung des Jünglingsgemüths in Liebe, Freundschaft, Religion, Vaterlandssinn und freien Gedanken, die Allmacht der aufblühenden Empfindung, der Enthusiasmus für große Thaten und die sittliche

Begeisterung des noch unverdorbenen, zu feiger Berechnung
und Rücksichtsnahme noch nicht erniedrigten Herzens was sich
ihm immer von neuem zur Schilderung bietet; und wenn er
nun dem Ahnen und Schwärmen der warmen Jünglingsseele
die kalte Welt mit ihren Schranken, Scheinsamkeiten und
Listen gegenüberstellt, dann gewinnt er den rechten Contrast
des überfliegenden Idealismus und des gemeinen Realismus,
und in ihrem Zusammenstoße entbindet sich ihm der Humor,
der es sich nun nicht versagt auch in dem reinen Jünglings-
gemüth auch das Unbeholfene, Träumerische, Tölpelhafte, in
der Einfalt auch das Einfältige zu zeichnen; aber in dem
Augenblick wo wir das alles belachen wollen rührt und
bemüthigt er uns durch den Adel der unverdorbnen Natur,
der mehr werth ist als all die Künstlichkeit der abgefeimten
und durchtriebenen Civilisation; ihn zur harmonischen Bildung
zu führen, ihn der Welt mächtig werden zu lassen ist dann
die hohe Aufgabe die der Dichter sich stellt.

 Sein Reichthum an Charakteren ist nicht groß; die
meisten kehren wie die stehenden Figuren der italienischen Im-
provisationskomödie in seinen Werken nur unter verschiedenen
Namen oder in neuen Verhältnissen wieder: neben der weib-
lichen Blumenseele eine starkgeistige oder häuslich beschäftigte
Frauengestalt, neben dem Stillvergnügten der hohe Mensch,
der einsiedlerisch der Welt entsagt um sich auf das Ewige zu
richten, dafür aber zu handeln und zu arbeiten nicht minder
versäumt als das komische Talent, das mit weltverlachendem
Spott durchs Leben geht, — jener den erhabenen Gedanken
und Empfindungen, dieser der satirischen Lust und Schärfe des
Autors ein selbständiger Träger; dann der ungeschliffne Edel-
stein des erst zu erziehenden Jünglings, und einige vornehme

Weltmenschen voll Selbstsucht, Kälte oder Tücke. Er selbst redet von seiner Schauspielertruppe die er da oder dort dies oder jenes spielen lasse.

Sein eignes Denken und Wollen, Fühlen und Erleben, seine eigne Persönlichkeit ist stets die Seele seiner Werke; wir betrachten dieselben am Faden seiner Biographie.

Er war bei Frühlingsanfang 1763 geboren im dunkelgrünen quellenreichen Fichtelgebirg, das wie eine Insel aus den sonnigen Fruchtauen Mitteldeutschlands emporragt. Ein starkes singendes in seiner Abgeschiedenheit frohes Volk umstand seine Wiege; unter dem Geläute der Heerdeglocken erwachte seine Seele in einem melancholischen Thale, von wo aus der Blick sich an die fernen blauen Höhen heftet, die er niemals ersteigen, sondern immer nur sehnend im Auge haben sollte, — ein Zug den sein Neffe und Lebensbeschreiber Otto Spazier in seiner symbolischen Bedeutung hervorgehoben hat. Sein Vater war ein vermögensloser Geistlicher, eifrig im Amt, ein talentvoller Musikfreund. Er hielt die Kinder streng zu Hause, und nur selten verließen sie den elterlichen Hof um bald wieder einsam die lustigen Kinderspiele in der Erinnrung fortzuspinnen. Die kleinsten Ereignisse wurden dem Knaben wichtig; von der Welt abgeschlossen lernte er sie weder kennen noch sich in ihr bewegen, wohl aber nach ihr verlangen und in seiner Einbildungskraft von ihr träumen. So wob er sich früh in seine Phantasieen ein, und es gab nichts Zauberischeres für ihn als jene stillen Tage, wo Gruß oder Kuß eines blauäugigen Bauernmädchens in einem seltnen Augenblick ihm alle Wonnen schenkte, oder die Seligkeit des ersten Abendmahlsgenusses sich ihm bis zum körperlichen Gefühlsblitze der Wunderovereinigung mit Gott steigerte. Dabei aber lernte er nicht regelmäßig, sondern planlos vielerlei durcheinander, und bildete sich durch das Lesen und Ausziehen aller möglichen Bücher, das er sein Lebenlang fortsetzte, sodaß er ohne Gelehrsamkeit zur Vielwisserei, ohne zusammenfassende systematische Erkenntniß zu einer bunten Fülle von Einzelkenntnissen aus allen Gebieten kam, die er wieder durcheinanderwürfelte und mit seinen eignen Einfällen verknüpfte, und so verwerthete oder zu späterem Gebrauch aufspeicherte.

Sein Vater starb, seine Mutter gerieth durch Processe in die drückendste Armuth, als er auf der Universität Leipzig kein Fachstudium betrieb, sondern sich für ein freies Dichter- und Schriftstellerthum zu bilden suchte. Die Noth, der Hunger gab ihm die Feder in die Hand, als er im 19. Jahr die Grönländischen Processe schrieb, Satiren in welchen der Schmerz seines zurückgestoßnen vereinsamten Herzens sich Luft machte in bittrer verlachender Schilderung der Menschen, die er nicht kannte, so daß jene Erstlingsarbeiten nur da genießbar sind wo er sich selber mitverspottet, z. B. im Capitel von den Schriftstellern. Er flüchtete aus Leipzig, indem er den Schuhmacher und Speisewirth auf beßre Tage vertröstete; aber in Hof wollte Niemand mit ihm etwas zu thun haben, weil er einen bloßen Hals trug und den Zopf abgeschnitten hatte, bis er den nach langem Kampfe wieder anhängte. Da saß er auf dem Dachstübchen neben der spinnenden Mutter, wie ein Gefangner, und oft mangelte ihnen das trockne Brot zum Wasser; zwei Brüder gingen traurig zu Grunde, ihn hielt sein Genius aufrecht. Immer noch in der Essigfabrik der Satire arbeitend schrieb er die Auswahl aus des Teufels Papieren.

Ein beßrer Stern ging ihm auf als er Kinderlehrer in Schwarzenbach ward. Er las nicht mehr blos vom Leben

um übers Leben zu schreiben, er verkehrte mit Kindern und
Eltern, er sehnte sich nach der Liebe um sie für seine Poesie
zu gewinnen, und wie ihr Strahl beseligend in sein Herz fiel,
da trieb es ihn wieder der Geliebten den verborgnen Empfin-
dungsschatz seiner Seele zu entfalten, und so kam sein warmes
Herz endlich zu einem vollen Erguß, als er einen pädago-
gischen Roman zu schreiben begann. In diesem, in der un-
sichtbaren Loge, ward seine eigne Natur offenbar und gewann ihm die Theilnahme gleichgestimmter Gemüther; wonne-
trunken schüttete er der Mutter die hundert Dukaten in den
Schooß, die der Verleger ihm gesandt. In so drückenden
Verhältnissen wie er war noch kein großer Dichter erwachsen;
die harte Schule der Entbehrung hat aber auch ihn vor Andern zum Dichter der Armuth, der Verlassenheit erzogen; das
tröstende, leidverklärende Priesteramt der Poesie hat keiner
mit mehr Liebe und Treue verwaltet als Jean Paul; keiner
hat besser gezeigt wie der Werth des Lebens nicht im Aeußern,
sondern im Innern liegt, nicht in den Dingen und Verhältnissen, sondern in dem Sinn mit welchem wir sie aufnehmen;
keiner hat tiefer das Glück empfunden und geschildert das ein
reines und zufriednes Herz auch im Kleinsten und Gewöhn-
lichsten finden kann. Wie ein Weihespruch für diese Richtung
seines Schaffens kann jener herrliche Streckvers gelten : Der
Wiederschein des Vesuvs im Meer. „Seht wie fliegen drun-
ten die Flammen unter die Sterne, rothe Ströme wälzen sich
schwer um den Berg der Tiefe und fressen die schönen Gär-
ten. Aber unversehrt gleiten wir über die kühlen Flammen,
und unsre Bilder lächeln aus brennender Woge." Das sagte
der Schiffer erfreut und blickte besorgt zu dem donnernden
Berg auf. Aber ich sagte : „Siehe so trägt die Muse leicht

im ewigen Spiegel den schweren Jammer der Welt, und die Unglücklichen blicken hinein, aber auch sie erfreut der Schmerz."

Wenn Jean Paul die unsichtbare Loge selbst eine geborne Ruine nannte, so hatte er gewiß von Anfang an keinen bestimmten Plan, während der Darstellung wuchs das Werk, und ward auch als Bruchstück doch das Programm seines ferneren Schaffens. Er enthüllte seine Gabe das eigne Sein und die eignen Erlebnisse dichterisch zu verwerthen, die eigne Doppelnatur in eine gemüthvoll weiche, eine humoristisch lecke Persönlichkeit zu spalten und beide der Welt gegenüber zu stellen, und während er die Tragik des eignen Lebens und Dichtens, das Widerspiel der innern Bestimmung und der äußern Mittel, die ihm versagte Ausbildung in einer freien lichten Sphäre, im Verkehr mit hervorragenden Menschen wehmuthvoll andeutet, ist doch der wunderbare Auferstehungsmorgen des Knaben Gustav, der unter der Erde erzogen worden, ein Symbol seiner eignen Erhebung aus dem Dunkel zur Klarheit, aus dem Leib zur Frühlingswonne.

Nun schrieb er den Hesperus, seinen Werther, ein Buch das die Liebe in allen Formen, als Mutter- Kindes- Freundes- Geschlechts- und allgemeine Menschenliebe darstellen sollte, dies aber mehr durch lyrische empfindsame Gefühlsergüsse als durch die dargestellte Handlung thut, die hier besonders unklar und geringfügig, ohne Zug und Spannkraft ist. Der Held, Victor, hat neben dem hohen und warmen Gefühl die Gabe des Witzes, sein Humor lehrt ihn die Prüfungen des Schicksals ertragen, die ihn läuternd für das Glück bereiten, das ihm in Klotilde zu Theil wird, die in sich von Natur die Versöhnung von Phantasie und klarem Lebensblick, von Gemüth und Welt veranschaulicht. Ihnen zur Seite ist Flamin

der energischere Freund, ihnen gegenüber stehen die sich selbst
auflösenden oder zerstörenden Einseitigkeiten einer in Blumen-
duft, Aether und Thränen schmelzenden Einbildungskraft und
Himmelssehnsucht und einer phantasie- und glaubenslosen
Eiseskälte. Durch den ganzen Roman zieht sich die Sym-
pathie des Dichters für die Sache der Menschheit, die Hoffnung auf eine Veredlung ihrer Zustände, auf die Verbeßrung
ihres Looses. Die Revolution ist ihm das Gewitter welches
die Luft reinigt; er glaubt an eine Zukunft von Frieden und
Harmonie nach Kampf und Noth, an eine goldne Zeit, wo
der Denker am Arbeiten, der Arbeiter am Denken Antheil
nimmt, wo man den kriegerischen und juristischen Mord ver-
dammt, und nur zuweilen mit dem Pfluge Kanonenkugeln auf-
ackert. Und ob die Menschheit Jahrhunderte lang mit ver-
bundnen Augen aus einem Kerker in den andern geführt
werde, uns tröstet ein verschleiertes Auge hinter der Zeit, ein
unendliches Herz jenseits der Welt. „Es gibt eine höhere
Ordnung der Dinge als wir erweisen können, — es gibt eine
Vorsehung in der Weltgeschichte und in eines jeden Leben,
welche die Vernunft aus Kühnheit leugnet und die das Herz
aus Kühnheit glaubt — es muß eine Vorsehung geben die
diese verwirrte Erde verknüpft als Tochterland mit einer
höheren Stadt Gottes — es muß einen Gott, eine Tugend
und eine Ewigkeit geben."

Nach der Vollendung des Hesperus, im Jahr 1794, gab
der Dichter das Lehrerverhältniß auf und reiste nach Weimar.
Herder, Wieland, vor allem die Frauen empfingen ihn mit
Enthusiasmus, Goethe und Schiller blieben ihm leider so
fremd wie er ihnen. Er trug sich mit dem Gedanken alle
Kraft in einer Dichtung höchster Art zusammenzufassen, und

dafür die Welt besser kennen zu lernen, und was ihm begegnete ward ihm zur Studie für sein Werk, namentlich die Erfahrungen mit Frauen, deren mehrere, eine empfindsam zarte wie eine starkgeistig geniale und leidenschaftlich stürmische, ihm Herz und Hand antrugen, bis er später, im Jahr 1800 in der Liebe zu einer verständnißinnigen Gattin Frieden und Muße zur Ausarbeitung fand. Er selbst schrieb einmal seinem Freund Otto : "Wie sonderbar werd' ich zu höheren Zwecken erzogen, die länger stehen sollen als mein Glück und mein Grab! Ich kann Dir nicht sagen mit welcher ernsten Berechnung auf meinen Titan das Geschick mich durch alle diese Feuerproben in und außer mir führt. Auch such' ich nichts weiter als ein Instrument zu sein in den Händen des Verhängnisses; es werfe mich dann weg in die stille Höhle, wenn es mich gebraucht!«

Doch während der Vorbereitung und der Studien für das Werk in welchem er den höchsten Flug wagen wollte, schrieb er die Betrachtungen über Unsterblichkeit im Campanerthal, den Quintus Fixlein, ein neues ländliches Stillleben, und den Armenadvokaten Siebenkäs. Während hier das Volk angeheimelt ward von der Schilderung enger Verhältnisse, durch die er sich den besten niederländischen Genremalern durch Feinheit und Humor anreihte, trug er doch selber die Bürde des Daseins nicht mehr mit so lächelnder Gemüthlichkeit, sondern stellte dem Dichter Siebenkäs einen Doppelgänger in dem humoristischen Leibgeber zur Seite, der nicht bloß gegen die verdorbne, sondern auch gegen die kindlich beschränkte Welt die Stacheln seiner Satire kehrt, und durch einen überkecken Entschluß den Freund in eine neue Lage zu versetzen weiß. Das Spiel mit Tod und Ehe verletzt uns bei dem so ernsten edlen Dichter, und macht uns geneigt der symbolischen Deutung beizustimmen : Die Ehe mit Lenette repräsentirt nur die Gebundenheit des Dichters an Armuth und kümmerliche Verhältnisse, die den Flug seines Geistes hemmen; sein Humor rettet ihn daraus und führt ihn zu einer idealen Liebe, führt ihn in freie helle Bahnen, in denen er nun seine Schwingen rauschend entfalten kann.

Und das geschah im Titan. Er ist der Idee nach der gewaltigste Roman unsrer, ja aller Literatur; durch den tragischen Untergang titanischer Naturen oder in einseitige Richtungen verlorner Seelen, ebenso wie durch das Glück und die Durchbildung der auf Harmonie und Klarheit angelegten Hauptgestalt, deren edles Erz durch Irrthümer und Ueberschwänglichkeiten sich läutert, predigt uns das Werk die große Lehre daß nur Thaten dem Leben Stärke geben, nur Maß ihm Halt und Reiz, während alle die zu Grunde gehn „welche die Milchstraße der Unendlichkeit und den Regenbogen der Phantasie zum Bogen ihrer Hand gebrauchen wollten ohne je eine Saite darüber ziehen zu können." So sehr der Dichter selbst an der Verquickung des Krankhaften und Genialen gelitten hat, hier feiert allein die volle Gesundheit ihren Triumph, hier werden im Glanz eines gesteigerten Phantasielebens zugleich seine Gefahren und Qualen mit erschreckender Macht dargelegt, während zugleich der echte Idealismus den Begeisterungstraum der Jugend nicht aufgibt, sondern ihn erfüllt und dadurch die Wirklichkeit sich verklärt. Unter den Titanen ist zunächst Roquairol eine Figur die den Byronismus der neuren Zeit präludirt, ein junger Mann von übermüthiger und gewissenloser Genialität, frühreif und vor der Zeit am Leben übersättigt, weil er alle Genüsse anticipirt, alle Bewe-

gungen der Liebe und Freundschaft früher im Gedicht als im
Leben durchgemacht hat; die Wirklichkeit will er nun nicht
recht schmackhaft finden, und deßhalb sucht er nach dem Stachel
der Sünde und dem Ueberreiz des Moders um durch sie und
dann durch Reue und Zerknirschung dem abgestumpften Ge=
müth wieder Empfindungen zuzuführen. Es gab für ihn
keine neue Freude und keine neue Wahrheit mehr, und er
hatte keine alte ganz und frisch; so war er ein ausgehöhlter,
von phantastischem Feuer verkohlter Baum geworden. Hoch=
müthig und ungläubig zugleich setzt er sich über das Sitten=
gesetz hinweg um aus dem Leben ein ästhetisches Spiel zu
machen, und so endet er durch wirklichen Selbstmord in der
Tragödie seiner Geschichte, die er selber aufführt. Dieser
Charakter ist so ungewöhnlich tief und glänzend gezeichnet, daß
ihm nur Jean Paul selbst das Gleichgewicht halten konnte,
zunächst durch den humoristischen Schoppe. Denn hier gelang
es ihm das komische Talent mit seiner rücksichtslosen kynischen
Derbheit, seinem unbegrenzten Freiheitsbedürfniß, seiner origi=
nalen Geistesfreiheit zu schildern und die Weltverlachung und
Weltverspottung mit all ihrer dämonischen Macht auf der
Grundlage der Menschenliebe und des Edelsinnes aufzutragen;
und doch geht auch Schoppe tragisch unter und endet folge=
richtig in Wahnsinn, weil auch er alles in ein Spiel seines
Witzes auflöst und der wilden Jagd seiner Einfälle so zügel=
los nachgibt, bis er über ihren haltungslosen Taumel zu
schwindeln beginnt und in den Abgrund gerissen wird. Aber
auch der kaltsinnig berechnende Verstand Don Gaspars sieht
seine Pläne scheitern, weil Menschen und Menschengeschicke
sich nicht wie Marionetten an seinen Fäden lenken lassen, son=
dern durch eignen Willen und nach göttlicher Fügung ihre

Bahn gehn. Unter den Frauengestalten bilden Liane und Linda den anziehendsten Contrast, jene eine zarte reine Lilie, die verkörperte Himmelssehnsucht, die dem Erdenglück entsagend dahinschwindet, in ihren schmelzenden Empfindungen selber zerschmilzt, diese die starkgeistige Jungfrau, kühn, schön, voll glühender Leidenschaft, die statt der Ergebung der Religion den Muth der Philosophie und den Schwung der Phantasie im hochschlagenden Herzen trägt. Sie spricht das herrliche Wort: „Was große Thaten sind das kenn' ich gar nicht, ich kenne nur ein großes Leben, denn jenen Aehnliches vermag jeder Sünder." Und doch wird ihr großes Leben nicht ohne ihre Schuld gebrochen, weil sie die Grenzen der Weiblichkeit in einem Freiheitssinne überschreitet, der in der Liebe die Selbständigkeit festzuhalten, ja eigenwillig zu herrschen begehrt und sich gegen das Band der Ehe sträubt. Der Dichter hat sie so herrlich ausgestattet daß wenn sie der freolerischen Täuschung Roquairols zum Opfer fällt, dies zunächst dem Leser, der alle Himmel mit ihr und Albano durchflogen, wie ein harter schneidender Mißton vorkommt; die Intention des Dichters erscheint berechtigt, aber die Motivirung nicht genugsam. Idoine, die ihre harmonische, ebenso klare als innige Weiblichkeit zur Gattin Albanos macht, als er in der Entwicklung seiner Natur durch die Gegensätze der Weichheit und Stärke schreitend zuerst Liane, dann Linda geliebt, sie ist allerdings gleich der Natalie im Wilhelm Meister nicht zu der vollen Anschaulichkeit gekommen, die jene beiden unvergeßlich macht. Albano aber hat sein Herz in dem Kampfe mit der Welt rein bewahrt, seine Kraft im Siege über die Leidenschaft geläutert; durch alle Entzückungen und Schmerzen hindurchgegangen besteigt er den Thron, dessen er werth ist, weil er das Humane, die Menschenwürde achtet und selber frei die Freiheit für alle will; besonnen und klar schließt er der Wirklichkeit sich an und bewahrt zugleich die Treue für die Begeisterung die ihn über alles Gemeine hoch emporhebt; „denn kein Ideal darf aufgegeben werden, sonst erlischt das heilige Feuer des Lebens und Gott stirbt ohne Auferstehung."

Ich erinnre mich eines geistvollen Ausspruchs von Ludolf Wienbarg, er wünsche Jean Paul Richter und Wolfgang Goethe wären Milchbrüder gewesen, und Wolfgang hätte etwas von Pauls Seelenseligkeit, Paul etwas von Wolfgangs reinem Kunstsinne eingesogen, dann hätten wir einen Titan der meisterhaft, und einen Meister der titanisch. Von andrer Seite, von Gelzer und Gottschall, ward der Titan mit dem Faust verglichen und hervorgehoben wie die sittliche Selbstbeschränkung sich an ihren Verächtern räche, und alle titanischen Elemente gleich Schlacken niederbrennen um den Geist, der Kraft und Maß in sich einige; es ward das Verdienst gepriesen diese Idee ohne alles Mystische und Mythische aus dem Leben der Gegenwart heraus in großartig entworfnen und vortrefflich gruppirten Charakteren dargestellt zu haben. Und sollen wir unter diesen noch auf die von Haus aus mit sich übereinstimmende klare Künstlernatur Dians, sollen wir noch darauf hinweisen wie um die Hauptgestalten sich Nebenfiguren bewegen die sie bald ergänzen bald parodiren? Doch erwähnen müssen wir die wundervolle Schilderung Italiens, den unerschöpflichen Reichthum der Ideen, den Adel des Gefühls, das Feuerwerk des Witzes, und die an vielen Stellen glanzvolle Klarheit der Sprache.

Nach den Besuchen in Berlin und Weimar, nach einem mehrjährigen Aufenthalt in Thüringen kehrte der Dichter 1804

in die Hauptstadt seiner Heimath, nach Baireuth zurück um
dort seinen bleibenden Wohnsitz aufzuschlagen. Er hatte den
Höhenpunkt seines Schaffens erreicht, seiner Doppelnatur gemäß bezeichnete er ihn durch einen Doppelgipfel, indem er dem
Titan die Flegeljahre gesellte. Sie sind Fragment geblieben,
aber vielleicht stammt der ungetrübte Genuß, den sie vor allen
seinen Schöpfungen gewähren, gerade daher, daß nur die
Grundlinien der Composition gezogen, nur die Perspectiven
eröffnet sind, aber der Ausschnitt aus dem Ganzen so stell-
vertretend für das Ganze ist wie die Ilias für den Troja-
nischen Krieg. Schon die Ueberschrift des ersten Capitels ist
humoristisch: das Weinhaus bedeutet hier nicht so sehr ein
Haus wo Wein getrunken wird, sondern eines das durch
Weinen gewonnen werden soll, und die sieben enterbten Seitenverwandten Kabels geberden sich auf die seltsamste Weise
um wenigstens das Haus zu erhalten, aber sobald die Thränen nahe sind auf denen es ihnen zuschwimmen soll, da tritt
es selbst als ein so lachendes Bild vor die Seele daß sogar
der Hauptpastor sich vergebens durch eine pathetische Rede zu
rühren sucht, bis endlich der arme Frühprediger sagt: Ich
glaube ich weine. Der Universalerbe ist ein edler poetischer
Mensch mit allem schwärmerischen Idealismus und aller Un-
beholfenheit der Jugend, eben so reinen Gemüths als unerfah-
renen Sinnes. Aber auch er soll das Vermögen nur erhalten nachdem er mannigfache Proben besteht bei den sieben
Seitenverwandten, und man ahnt es schon, das Geld wird
ihm dabei meistens entgehn und doch in ihre Hände kommen,
er aber zuletzt ein durchgebildeter Mann sein, sich selbst der
beste Schatz. Das Naive und sein Zusammentreffen mit der
Welt in der es gewitzigt wird, hat der Humor zur Wechsel-

beleuchtung des Herzens und der Welt mit Vorliebe zum
Stoffe der Dichtung gemacht; so schon Wolfram von Eschenbach im Parcival, so Christoph von Grimmelshausen im Sim-
plex Simplicissimus; kein Dichter aber hat dies Thema häu-
figer durchgeführt als Jean Paul, keiner glücklicher als er in
den Flegeljahren; hier geht auch das strenge Urtheil von
Gervinus in Lob und Bewunderung über. — „In den Brü-
dern Walt und Vult, sagt er, hat sich Jean Pauls Doppel-
gesicht am schönsten getheilt; der eine, das rührendste Abbild
der träumerischen Jugendunschuld, ist mit viel naiveren Zügen
ausgestattet als seine sentimentalen Gestalten dieser Art, der
andre mit seiner vagabundischen Natur, der Weltkenner der
den Bruder für die Welt zustutzen hilft, ist ein Humorist ohne
die verzerrten Züge seiner übrigen. Das dunkle Gedanken-
leben dieser Troubadourzeit im Menschen zu belauschen, die
unendlich rührenden Thorheiten, die in diesen Jahren den
Kopf durchfliegen, aufzudecken, das kleine Glück der Seele
so endlos groß zu schildern wie es in dieser genügsamen
Periode dem Menschen ist, den Jugendträumen, der Atmosphäre von Heimath, vom Vaterhaus und vom Spiel-
raum der Kindheit und allem was daran hängt so zarte und
wahre Züge zu leihen, die schrankenlose Gutmüthigkeit, Liebe,
Sanftheit, Jungfräulichkeit und Heiligkeit des Herzens, den
Reichthum Eines Tages dieser durch Phantasie so reichen Zeit
abzubilden, die stillen sanften Empfindungen des Sonntagheim-
wehs, der Sabbathfreude zu entfalten, dies alles ist von Niemand und nirgends so geleistet worden wie hier. Und wie
er diesen gläubigen Menschen im Gegensatz zu dem enttäuschten
und enttäuschenden Bruder bringt, der das Reale dem Idealen
entgegenwirft, dem guten Träumer nach dem Fest der süßesten

Brote das verschimmelte aus dem Brotschrank vorschneidet, das alles ist vortrefflich, und das Auge das Jean Paul hier auf die menschliche Natur richtet, ist wahrlich mehr werth als jene sublimen Blicke in die Wolken und in den Aether, in die Geisterwelt und über die Sterne."

Hatte Jean Paul im Titan und in den Flegeljahren seine Kraft concentrirt, so ließ er die besondern Strahlen derselben fortan nach verschiednen Richtungen wieder auseinandergehn. Die Arbeiten die er nun noch unternahm, waren zum Theil wissenschaftlicher Art, zum Theil sollten sie durch Darlegung seiner politischen Ansichten unmittelbar ins Leben eingreifen; die Dichtungen, für die er keine allzugroßen Anstrengungen mehr machte, sollten zumeist zur Erheiterung des Lesers dienen. Seine Erfahrungen und Gedanken über Erziehung bot er in der Levana dar, in der Vorschule zur Aesthetik gab er hauptsächlich von seinem eignen Dichten Rechenschaft, und was er über Komik und Humor gesagt, ist von da an ein Besitz der Wissenschaft vom Schönen geworden. Auch in diesen Schriften ist er übrigens ganz subjectiv, und erfodert darum nicht so sehr einen Leser welcher Resultate gläubig hinnimmt, als einen der das blos Persönliche vom Allgemeingiltigen zu unterscheiden und gewonnene Anregungen fortzubilden weiß.

Die vielbewegte Geschichte der damaligen Zeit faßte er vom Standpuncte der Culturentwicklung auf, so daß er eine Friedenspredigt halten konnte in welcher er Deutsche und Franzosen zu gemeinsamem Fortschreiten aufforderte; bald aber sah auch er daß vor allem das Vaterland gerettet, die nationale Selbständigkeit wiedererobert werden müsse; sein Wort ward nun ein tröstender Zuspruch in der Noth, damit das Volk den

Glauben an sich selbst erhalte und einen Bußtag begehe, an welchem die Gemeinsamkeit der Wunden zum Entschluß gemeinsamer Erhebung führen solle. Sein Wort ward ein Ruf des Erweckers als das Morgenroth der Befreiung aufging, freudig im Sieg mahnte es an die Gewährung von Freiheit und Recht für das Volk auch nach dem Sieg. Er gehörte namentlich zu den eifrigsten Vorkämpfern für die Preßfreiheit, und als die Censur den Abdruck der Widmung seiner Vorschule der Aesthetik an den Erbprinzen Emil von Gotha nicht gestatten wollte, stritt der Fürst im Freiheitsbüchlein gemeinsam mit dem Dichter gegen Gedankenmord und Gedankenverstümmlung, für Licht und Wahrheit. Wie die Spartaner durch Tyrtäos gesiegt, so hoffte er daß durch Kunst und Wissenschaft das Einheitsband gewoben werde, das die Deutschen fester und fester in friedlichem Wetteifer verbinden solle.

In der Poesie ließ er der komischen Ader freien Lauf. Parodistische Nachklänge der großen Kriegsereignisse gab er im Feldprediger Schmälzle, der überall um sein armes Leben bangt, wie in den Fahrten des Doctors Katzenberger, der so große und lange Anstalten macht um einen Recensenten beträchtlich durchzuprügeln, am Ende aber sich durch das Geschenk einer Mißgeburt versöhnen läßt. Durch das Besondre schimmert auch hier überall das allgemein Menschliche. Der Widerspruch des göttlichen Funkens, des idealen Strebens in der Menschenbrust mit den Mitteln der irdischen Welt, das Bewußtsein menschlicher Unzulänglichkeit ist noch vorhanden, aber der Dichter ist befriedigt in sich, in seiner Häuslichkeit, in der ehrenden Theilnahme der Nation, die ihn bei seinen Reiseausflügen mit Enthusiasmus entgegenkommt, und darum wendet er statt der ätzenden Satire nun eine gutmüthige mitselbige Komik an, und zeigt wie in den Illusionen und Verkehrtheiten der Menschen, durch die sie andern lächerlich werden, zugleich für sie selbst eine Quelle des Glücks und der Freude fließt. So verwebt sich der Schriftstellerehrgeiz und das Lächeln über ihn mit dem idyllischen Wohlbehagen Fibels, und wird diesem noch zur Würze. Daß er selbst in seinem Hesperus und Titan Fürstensöhne unbekannt mit ihrem Stande erziehen ließ, das parodirt er nun im Kometen, indem Niklas Markgraf ein solcher Fürstensohn zu sein glaubt und darnach sein Leben einrichtet, ein Viel- und Halbwisser wird, der alle Welt mit Geschenken beglücken will, und dies wirklich auch ausführt als er in seiner Apotheke die Kunst des Diamantenmachens findet. Der Roman war auf eine große Donquixotiade angelegt, der Held sollte wie ein Komet Deutschland durchziehen und überall sollten Pedantereien und Thorheiten aller Art sein Schweif sein. Er blieb Fragment.

Den Dichter nehmlich rief im Spätherbst 1821 ein tiefes Herzeleid vom Scherz hinweg; es war der Tod seines einzigen Sohnes, der in Heidelberg studierte. Der Jüngling wollte mit guten Anlagen das Größte; wie es nicht sofort gelang, zweifelte er an seiner moralischen Würdigkeit und verfiel einem trübsinnigen Mysticismus, der bis zur körperlichen Ascese fortging und ihn aufrieb. Es war zu spät als der Vater schrieb: Gott bekehre Dich zu dem heitern Christenthum eines Herder, Jacobi, Kant! Dem Dichter ward von nun an jede Freude schwer, und er beschloß dem Schmerz ein Denkmal zu stiften, indem er die Unsterblichkeit der Seele zum Thema eines neuen Buches, der Selina, machte; auch jetzt wieder wollte er auf dem Wege der Poesie zum Glauben führen, den Trost der Religion durch die Dichtkunst dem Volke vermitteln. Er gründet seine Hoffnung hauptsächlich darauf daß das schmale Erdenrund den geistigen Anlagen des Menschen nicht genüge, daß das innere Universum, das Reich des Guten, Wahren, Schönen, in einem höheren Dasein seine volle Verwirklichung finden müsse. Der Mensch wäre Asche, Spielwerk und Dunst, wenn er nicht fühlte daß er es nicht wäre, und dies Gefühl ist seine Unsterblichkeit. Im Titan hatte er bereits geschrieben: „Wüßtest du vom Vergänglichen ohne den Nebenstand des Unvergänglichen, und wo wohnt der Tod als im Leben? Laß verstieben und verfliegen! Es gibt doch drei Unsterblichkeiten, die überirdische, die unterirdische (denn das All kann verstäuben, aber nicht sein Staub) und die ewig wirkende darin: die daß jede That viel gewisser eine ewige Mutter wird als eine ewige Tochter ist. Und dieser Bund mit dem Universum und mit der Ewigkeit macht der Ephemere Muth in ihrer Flugminute das Blüthenstäubchen weiter zu tragen und auszusäen, das im nächsten Jahrtausend vielleicht als Palmenwald dasteht." Daran reihen wir das erhabene Wort: „Ihr großen und seligen Geister über uns! Wenn der Mensch hier unter den Wolken des Lebens sein Glück wegwirft, weil er es kleiner achtet als sein Herz, dann ist er so selig und so groß wie ihr. Und wir sind alle einer heiligeren Erde werth, weil uns der Anblick des Opfers erhebt und nicht niederdrückt, und weil wir glühende Thränen vergießen nicht aus Mitleiden, sondern aus der innigsten heiligsten Liebe und Freude." Schon als Jüngling wollte Jean Paul hier nur lernen was auch dort gelte, worauf er auch dort weiterbauen könne. Die Geburtstunde des idealen Menschen im irdischen war ihm der größte Augenblick. Als den wichtigsten Tag seines Lebens bezeichnete er den 15. November 1790, wo er in den Gedanken des Todes versenkt durch dreißig Jahre hindurch sein künftiges Sterbebett schaute und sein eignes Hinscheiden vorausempfand, und in der Gewißheit daß diese letzte Erdennacht komme, sein Herz von aller Umstrickung des Vergänglichen löste und für alle Zukunft in das Ewige sich erhob; denn „der Mensch muß sich nicht sowohl auf die Ewigkeit zubereiten als sie in sich pflanzen." Und am 15. November 1825 ist er gestorben.

Als Jacobi ihn fragte was in seinen scherzreichen buntfarbigen Schriften sein wahrer Ernst sei, gab Jean Paul zur Antwort: „Mein Ernst ist das überirdische bedeckte Reich, das auch der hiesigen Nichtigkeit sich unterbaut, das Reich der Gottheit, der Unsterblichkeit und der Kraft." Im Hesperus hatte er geschrieben: „Die Erde ist groß, aber das Herz das auf ihr ruht ist noch größer als die Erde und größer als die Sonne, denn es allein denkt den größten Gedanken. Da wo die Ewigkeit und die Unermeßlichkeit ist, da breitet ein unendlicher Geist seine Arme aus und legt sie um das Weltall, und trägt es und wärmt es; alle Menschen und alle Engel ruhen an seiner Brust. Gott ist die Ewigkeit, die Wahrheit, die Heiligkeit — er hat nichts, er ist alles — das ganze Herz fasset ihn, er denkt nur uns wenn wir ihn denken. Die Schöpfung hängt als Schleier über ihm, alles Unendliche und Unbegreifliche im Menschen ist sein Wiederschein."

„In jedem edlen Herzen, heißt es im Titan, brennt ein ewiger Durst nach einem edleren, im schönen nach einem schöneren; es will sein Ideal außer sich in körperlicher Gegenwart erblicken um es leichter zu erstreben, wie der hohe Mensch nur an einem hohen reift." Dies Ideal des sittlichen Lebens und der Liebe sah er in Christus, und schrieb die Worte welche an seinem Grabe verlesen wurden: „Es trat einmal

ein Einzelwesen auf die Erde das blos mit sittlicher Allmacht
fremde Zeiten bezwang und eine eigne Ewigkeit gründete, —
das sanftblühend und folgsam wie eine Sonnenblume, brennend
und ziehend wie eine Sonne, selber dennoch mit seiner milden
Gestalt sich und Völker und Jahrhunderte zugleich nach der
All- und Ursonne bewegte und richtete, — es ist der stille
Geist den wir Jesus Christus nennen. War er, so ist eine
Vorsehung, oder er wäre sie. Nur ruhiges Lehren und
ruhiges Sterben waren das Tönen womit dieser höhre Orpheus
Menschthiere bändigte und Felsen zu Städten einstimmte. Er
der Reinste unter den Mächtigen, der Mächtigste unter den
Reinen hob mit seiner durchstochnen Hand Reiche aus der
Angel, den Strom der Jahrhunderte aus seinem Bette, und
gebietet noch den Zeiten fort."

Wie Goethe einmal von einer Christustendenz bei Schiller
redet und hinzufügt: Er konnte nichts Gemeines berühren
ohne es zu veredeln, — so liegt das Christliche bei Jean Paul
in seiner Hinwendung zu den Verlaßnen und Armen, denen
seine Dichtung Trost, Erhebung und Erleuchtung bieten soll,
es liegt in der Liebe kraft welcher er dem Dürstenden die verborgenen Quellen im Wüstensande zeigt, und dem Hungern-
den auch die Steine auf ihrem Weg zum Lebensbrote macht,
wenn er in allem eine Offenbarung göttlicher Güte erkennen
lehrt und das Endliche zum Unendlichen und Ewigen hinführt.

Druck von Wilhelm Keller in Gießen.

www.ingramcontent.com/pod-product-compliance
Lightning Source LLC
Chambersburg PA
CBHW030348170426
43202CB00010B/1295